Ein Pionier der Luftrettung in Deutschland ist eine Frau

Ina v. Koenig: Mit Knowhow, Energie und Empathie durch ihre beiden Initiativen hunderttausenden Menschen das Leben gerettet

A. Gmeiner

A. Gmeiner

Ein Pionier der Luftrettung in Deutschland ist eine Frau.
Ina v. Koenig: Mit Knowhow, Energie und Empathie durch ihre beiden
Initiativen hunderttausenden Menschen das Leben gerettet

Bibliografische Information der Deutschen Nationalbibliothek:
Die Deutsche Nationalbibliothek verzeichnet diese Publikation in der
Deutschen Nationalbibliografie; detaillierte bibliografische Daten sind im
Internet über www.dnb.de abrufbar.

ISBN 9783757860547

Covergestaltung & Gesamtlayout: A. Gmeiner

Coverfoto: Ina v. Koenig

Bilder: Wir danken Ina v. Koenig für das Nutzungsrecht der Bilder
aus ihrem Privatarchiv. Der Bildquellennachweis wurde mit Sorgfalt erstellt.
Falls weitere Rechte betroffen sind, bitten wir, sich an den Verlag zu wenden.

Herstellung und Verlag: BoD – Books on Demand, Norderstedt

Ein Pionier der Luftrettung in Deutschland ist eine Frau

Ina v. Koenig: Mit Knowhow, Energie und Empathie durch ihre beiden
Initiativen hunderttausenden Menschen das Leben gerettet

Für Fred
mit Dank für
Deine jahrelange
Unterstützung !

Ina v. Koenig

A. Gmeiner

30. 03. 2024

*Dieses Buch
ist dem Lebenspartner von Ina v. Koenig gewidmet,
ihrem Sohn Alexander und
ihren Enkelkindern Felix und Fiona.*

Inhalt

Ina v. Koenig vor Hubschrauber und einem Flächenflugzeug
mit Piloten, Technikern und Sanitätern

Foto: Privatarchiv Ina v. Koenig

Vorwort

Menschen haben bestimmte Begabungen, Neigungen und Eigenschaften, die ihnen in die Wiege gelegt werden. Viele nutzen diese Begabungen in ihrem Leben, viele aber leider nicht.

Eine jener Frauen, die alle ihre Ressourcen zu 100 Prozent genutzt hat und die auch gegen unglaubliche Widerstände ihre eigenen Ideen und Visionen in die Realität umgesetzt hat, ist Ina v. Koenig.

Sie ist eine wahre Pionierin der Flugrettung in Deutschland!

Gut, würde man jetzt sagen, großartige Frau – Ehre wem Ehre gebührt.

Doch gerade in Folge der Bescheidenheit von Ina v. Koenig als Person, die sich mutig den Widerständen stellte, um die Flugrettung in Deutschland einzuführen, blieb vieles unveröffentlicht..

Fakt ist: Ihre Leistungen für die Flugrettung in Deutschland wurden bis heute nie wirklich anerkannt, denn Ruhm und Ehre haben andere eingeheimst. Sie war es, durch deren Initiative es überhaupt zur Gründung der «Deutsche Rettungsflugwacht e.V.» kam und sie war es auch, die am 06.09.1972 als ersten Präsidenten Siegfried Steiger quasi inthronisiert und sich selbst „nur" die arbeitsreiche Position des „geschäftsführenden Vorstandsmitglieds" zugewiesen hat. Darum wird Siegfried Steiger bis zum heutigen Tag als DER Gründer der DRF («Deutsche Rettungsflugwacht e.V.» – heute: «DRF Luftrettung», kurz «DRF») gesehen.

DER Gründer der DRF ist aber in Wahrheit eine DIE

Gerade wird das 50-jährige Jubiläum begangen, die «DRF Luftrettung» feiert dieses Einsatzjubiläum im Jahr 2023 – und nirgends wird Ina v. Koenig als Initiatorin erwähnt.

Warum?

Vielleicht weil sie eine „Frau" ist?

Eine Frau in einer ganz und gar männlich geprägten Branche wie der Luftfahrt!

Wie kam es dazu?

Ganz einfach, zu jener Zeit (Ende der 1960er, Anfang der 1970er Jahre) war es für eine junge Frau nahezu unmöglich, ohne männliche Spitze bzw. männlichen Repräsentanten eine große Organisation aufzubauen. Also tat sie, was heute obsolet, aber damals vollkommen richtig schien: Sie stellte sich selbst in die zweite Reihe, um die Idee – „ihre Idee" einer Luftrettung mit Hubschraubern und Ambulanzjets nach Schweizer Vorbild – voranzubringen. Wohlwissend, dass sie als Frau sehr wohl das nötige Fachwissen in der Luftfahrt mitbrachte (insbesondere die Ideen zum effektiven Einsatz von Hubschraubern zur Patientenrettung), um jene große Aufbauarbeit leisten zu können, die den Erfolg der «DRF» erst möglich machte.

Männer lieben teure Hubschrauber – Frauen sind für deren Organisation und Finanzierung gut genug

Von Beginn an war die Finanzierung des Vereins eine der wichtigsten Aufgaben, denn Hubschrauber sind teuer – sehr teuer. Hier agierte Ina v. Koenig sehr zielstrebig und baute durch konsequente Mitglieder-werbung (nach Schweizer Vorbild) einen ersten Stamm von 50.000 fördernden Mitgliedern auf, ohne Kapital und mit viel Eigenleistung.

Ein wesentlicher Schritt war die Etablierung einer Reiserückholver-sicherung für die Fördermitglieder der «DRF», die es so noch nicht in Deutschland gab. Auch hier zeigte sich die Beharrlichkeit der Ina v. Koenig und ihre unglaubliche Weitsicht. Erst beim berühmten Versicherer «Lloyds» in London wurde sie ernst genommen und ein komplett neues Versicherungsprodukt wurde extra für sie entwickelt – die Reiserückholversicherung. Heute selbstverständlich bei Millionen Auslands- oder Fernreisen, war es damals eine echte Revolution. Eine Revolution, die auf die Initiative und die Hartnäckigkeit einer deutschen Frau zurückzuführen ist.

Wer mit den „Big Boys" mitspielen will, dem droht immer scharfer Gegenwind

In diesem Vorwort ist zwar kein Platz für all die Probleme, die das Leben von Ina v. Koenig seither bestimmt haben. Eines ist aber klar, wer sich in einem Bereich wie der Fliegerei umtut, wo es um große Summen geht, der muss auch Gegenwind und ja, manchmal auch Missgunst und Neid aushalten können. Es war ein dorniger, mühsamer Weg, aber Ina v. Koenig hat „ihre Frau gestanden", um es gendergerecht auszudrücken. Ihr Baby ist heute groß, stark und erfolgreich! Nur wenige Menschen können von sich behaupten, Initiatorin oder Initiator einer so großen und erfolgreichen Organisation wie der «DRF Luftrettung» zu sein. Seit seinen Anfängen und dem ersten Helikopter ist eine exzellente Organisation mit tatkräftigen, begeisterten Mitarbeiterinnen und Mitarbeitern entstanden, die jeden Tag anderen Menschen aus größter Not helfen. Und wie es Ina v. Koenig in einem Interview einmal so schön ausdrückte: *„Dem Management und den zurzeit ca. 1.400 DRF-Mitarbeitern und Mitarbeiterinnen gebührt meine größte Anerkennung und mein Dank."*

Unsere Hoffnung für eine hoffentlich nahe „ethischere" Zukunft!

Darf diese Frau, die so viel für Deutschland getan hat, noch auf die längst fällige Anerkennung ihrer Aufbauarbeit hoffen? Darf diese Frau, durch deren Initiative bisher mehr als 1 Million Einsätze geflogen wurden, von denen hunderttausenden Menschen das Leben gerettet werden konnte, im hohen Alter noch entsprechende Würdigung erfahren? Darf diese Frau endlich die ihr gebührende Gleichstellung als Frau in einer traditionellen Männerdomäne erleben? Wir sagen, sie darf und sie muss diese Würdigung auch in möglichst naher Zukunft erfahren!

Wir hoffen inständig …

dass in zukünftigen Generationen große Begabungen nicht geschlechtsspezifisch bewertet und dadurch behindert werden, sondern einzig ihre großartigen Leistungen für Land und Menschen zählen.

Unterstützungsinitiative für Ina v. Koenig
1. März 2023

Foto: Privatarchiv Uwe Heins

*„Der Aufbau der DRF
war auch Teil meines Lebens."*

Uwe Heins

Alouette 3

Foto: Privatarchiv Ina v. Koenig

Chefpilot Uwe Heins erinnert sich

Im April 1972 wurde ich von der «LTD Helicopters» in Stuttgart-Echterdingen als Hubschrauberpilot eingestellt.

Diese Firma war für mich mehrfach interessant:

1. Als ehemaliger Gebirgs-SAR-Pilot reizte mich eine Aufgabe in diesem Sektor, da die Geschäftsführerin der Firma «LTD Helicopters», Frau Ina v. Koenig, die Rettungsorganisation der «DRF» nach Schweizer Vorbild aufbaute, deren Gründung dann am 06.09.1972 vollzogen wurde.

2. Mein Können und Wissen aus diesen Einsätzen bei marginalsten meteorologischen Verhältnissen konnte ich in der zivilen Rettungsfliegerei und den eingesetzten Piloten direkt übermitteln.

Oft waren auch nächtliche Transplantats-Flüge erforderlich, die für mich in der SAR-Rolle bereits zum fliegerischen Ablauf zählten.

Hilfreich war auch der Krankenhaus-Atlas mit eingezeichneten Hubschrauber-Landeplätzen, der während meiner militärischen Dienstzeit erstellt wurde.

3. Mein parallel stattfindender Erfahrungsaustausch mit der ansässigen Flugleitung und dem Met.-Office führten zu der erforderlichen Akzeptanz. Recht amüsant waren auch die Begegnungen mit Ärzten und Klinikmitarbeitern, die ich aus meiner militärischen Tätigkeit bereits lange kannte.

Da die «DRF» als Verein noch keinen eigenen Flugbetrieb besaß, wurden in den ersten Jahren ausschließlich Maschinen der «LTD Helicopters» inkl. Piloten und Technik eingesetzt!

Erstaunlich für den fliegerischen Einsatzaspekt war die technische Auswahl: Nach den postulierten Einsatzregularien für Rettungshubschrauber war eine Flugzeitkapazität von 3:30 Std. vorgeschrieben. Dieses Soll erfüllte allein die voll ausgerüstete Alouette-III-Astazou, die von der «LTD Helicopters» betrieben wurde.

Ina v. Koenig mit Chefpilot Uwe Heins der Firma «LTD Helicopters»

Ina v. Koenig (li.), Uwe Heins (4. v. li.) in Suez, 1977

Fotos: Privatarchiv Ina v. Koenig

Keines der von der «DRF» als Nachfolger eingesetzten Bo105, BK117 oder gar der interims angecharterte Jet-Ranger erfüllte diese Vorgaben. Auch bestand bei keinem der 2-Mots. die Fähigkeit des 1-mot.-Betriebes bei einer Triebwerkstörung.

Ich denke auch heute noch gerne an die Zeit des fliegerischen Aufbaus der «DRF» zurück.

Capt. Uwe Heins

Dr. hc, Eng. A&P, CPL-H, AZF

FOTOS: KLAUS BRENING

S.O.S.-FLUGR

KARRIERE

Ina, die Königin der Hummel-Flotte

Sie betreibt ein gnadenlos hartes Geschäft: Ina von König verchartert eigene Hubschrauber. Ihre Kunden sind deutsche Geschäftsleute und die ägyptische Regierung. Und hinter der S.O.S.-Flugrettung steckt die dreifache Firmenchefin auch

Von Fred König

Cosmopolitan 5/1982

Quelle: Privatarchiv Ina v. Koenig

14

Geleitwort von Ina v. Koenig

Als junge Unternehmerin, die schon früh in Kontakt mit Hubschraubern war, hatte ich seinerzeit die Idee, eine effektive Luftrettung in Deutschland einzuführen. Auslöser war ein Satz des russisch-US-amerikanischen Ingenieurs, Luftfahrtpioniers und Erfinders des Helikopters Igor Iwanowitsch Sikorsky:

„Jeder Hubschrauber ist ein Lebensretter."

Die Idee kam beim Skifahren

1965 wurde ich zum Heli-Skiing im Wallis in der französischen Schweiz eingeladen. Ich war gerade 21 Jahre alt geworden und alles war neu, aufregend und wunderbar.

Wie sehr aber diese wenigen Tage mein gesamtes Leben beeinflussen würden, das ahnte ich damals noch nicht. Wobei, das stimmt so nicht ganz. Denn schon als der Hubschrauber zum Landeanflug ansetzte, um uns Skifahrer aufzunehmen, war es um mich geschehen. Mein Herz klopfte bis zum Hals, als ich einstieg und der Hubschrauber unter lautem Rotorenlärm abhob. Ich war sofort fasziniert von der Wendigkeit und von der Möglichkeit punktgenaue Landungen durchzuführen. Das war ja auch der Grund, warum Hubschrauber bis heute im Abenteuerskilauf eingesetzt werden. Mit keinem anderen Transportmittel können so rasch große Entfernungen zurückgelegt und Landungen auf hohen Bergen, genauso wie in unwegsamem Gelände durchgeführt werden. Ich werde nie den Moment vergessen, als ich damals auf dem Gipfel dieses Schweizer Berges stand und der Hubschrauber wieder abhob und ins Tal flog. Bereit, die nächste Gruppe Skifahrer in ein einsames schwer zugängiges Skigebiet zu befördern.

Das war der Beginn meiner lebenslangen Faszination für Hubschrauber. Dieses Wunderwerk der Technik interessierte mich ab diesem magischen Moment am Gipfel, mehr als das Skifahren in der wunderbaren Landschaft. Ich hatte sofort tausend Ideen, wie er gewinnbringend eingesetzt werden könnte. Ich konnte nicht aufhören, daran zu denken. Das Timing war perfekt. Ich hatte gerade mein Sprachstudium beendet und suchte nach einer sinnvollen Beschäftigung. Weniger als ein Jahr später gründete ich mein erstes Unternehmen, den «Südd. Luft-Taxi-Dienst (L-T-D)», später die «LTD Helicopters» in Stuttgart.

Am Anfang – und auch später – war es schwer als Frau!

Meine Karriere als selbständige Geschäftsfrau begann an einem alten Schreibtisch in einem zehn Quadratmeter großen Büro, wo ich alle Arten von Transportflügen mit gecharterten Hubschraubern verkaufte.

Unter anderem organisierte ich Hubschrauber-Rundflüge bei Volksfesten. Die schweren Eisenstangen trug ich selbst von meinem Keller zum Auto und dann zum Hubschrauber-Landeplatz, sodass ein Stoffband mit der Aufschrift *«Hubschrauber-Rundflüge»* befestigt werden konnte. Ich verkaufte die Tickets, erklärte den Passagieren die Sicherheitsvorschriften und half ihnen beim Ein- und Aussteigen. Das gesamte Bodenpersonal bestand aus einer Person – mir.

Helikopterbranche ist ein gnadenlos hartes Geschäft.
Kapitalintensiv und mit vielen Risiken verbunden.

Es kam im Laufe meiner Karriere immer wieder zu Neid und Missgunst von allen Seiten und auch massivem Machtmissbrauch. Die äußeren Bedingungen in dem hart umkämpften Geschäft des Verkaufs von Hubschrauber-Flugstunden waren für einen Neuankömmling mit wenig Kapital und ausschließlich männlichen Rivalen im Rücken alles andere als ideal. Aber die Konkurrenz trieb mich weiter und zwang mich, mehr zu bieten als meine Konkurrenten.

Ich bot zusätzliche Dienstleistungen an, die in Deutschland einzigartig waren, wie zum Beispiel eine Kameraaufhängung, die es mir ermöglichte, Fotografen, Werbeagenturen, Filmproduzenten, Kartographen und Vermessungsbüros stabile, vibrationsfreie Luftbilder zu bieten.

Mein Angebot hatte großen Erfolg. Mit steigendem Umsatz konnte ich meinem Geschäft eine Filiale in Hamburg hinzufügen und auf die Verwirklichung meiner Vision hinarbeiten: den Einstieg ins internationale Ölgeschäft.

Es war sicherlich ein kühner Ehrgeiz für eine kleine Hubschrauberfirma, sich in ein Geschäft einzumischen, das schon immer die Domäne großer internationaler Helikopter-Unternehmen gewesen war. Auch die Tatsache, dass ich eine Frau war, war nicht hilfreich.

Bei einer Gelegenheit war ein Chef einer Firma so enttäuscht, als er entdeckte, dass ich die Chefin bin, dass er mir sagte, ich solle einen Piloten zum Treffen mitbringen. Natürlich meinte er einen männlichen Piloten. Trotz dieser potentiellen Hindernisse oder vielleicht gerade deswegen habe ich mich auf meine Stärken verlassen. Meine Konzentration auf das Marketing führte immer wieder zu Verbesserungen und Ideen, und ich nutzte diese in vielen Verkaufsgesprächen.

Ich hatte zu dieser Zeit glücklicherweise einen Coach, der mich die Grundlagen eines Geschäftsaufbaus und hart zu arbeiten lehrte, wofür ich ihm heute noch dankbar bin.

Es kam vor, dass ich schon um 3 Uhr morgens mit meinem VW (mit dem ich ca. 60 000 km/Jahr durch ganz Deutschland fuhr) auf den Weg machte, damit ich pünktlich um 8 Uhr zu meinem ersten Treffen erscheinen konnte. Ich fuhr noch am selben Tag nach Hause, weil ich es mir zeitlich nicht leisten konnte, irgendwo zu übernachten. Solche Marathon-Arbeitstage, manchmal sogar mit bis zu 10 Terminen, brachten mich an die Grenzen meiner Belastbarkeit. Es war totaler Einsatz und erforderte unendlich viel Fleiß, Überzeugungskraft und Entschlossenheit, ganz zu schweigen von dem großen Glück, manchmal die richtige Idee zur richtigen Zeit dem richtigen Entscheidungsträger zu präsentieren.

Im Nachhinein waren die wirklich wichtigen Eigenschaften mein unermüdlicher Enthusiasmus und die unerschütterliche Überzeugung, dass meine Dienstleistungen einen Mehrwert für den Kunden bedeuten würden.

Die enorme Anstrengung, die notwendig war, um Kunden bei gleichem Preis einen höheren Nutzwert als meine Konkurrenten zu bieten, führte schließlich zu meinem Durchbruch. Nach etwa *zweijährigen* Akquisitionsgesprächen erhielt ich von der Fa. Deminex, der Muttergesellschaft aller deutschen Firmen, die damals nach Öl suchten, den Auftrag, die Offshore-Versorgungsflüge zu den Bohrinseln im Golf von Suez zu übernehmen. Ich möchte dazu sagen, dass ich das entscheidende Gespräch mit dem Chef der Firma nicht alleine führte. Ich bat unseren Prokuristen *Winfried Spirandelli*, den ich inzwischen hatte, und meinen Rechtsberater *Rudolf Weber* mich zu begleiten. Ich sollte zunächst mit einer erfahrenen Helikopterfirma, die bereits Offshore-Flüge durchgeführt hat, zusammenarbeiten, wozu ich die Fa. «Heli Union» in Paris gewinnen konnte. Wir gründeten die Fa. «Heli-Air Egypt», bei der ich die sogenannte „Chair-Woman" wurde, in Kairo und lagerten in der Wüste unser Ersatzteillager. Meine Vision endlich zu verwirklichen, in das internationale Ölgeschäft als einziges deutsches Hubschrauber-Unternehmen einzusteigen, war meine größte Belohnung als ca. 30-jährige Geschäftsfrau.

Es gab auch einige böse Überraschungen, die ich später einmal festhalten werde.

Positiv war, dass der CEO der damals größten Schweizer Helikopterfirma «Heliswiss» auf mich aufmerksam wurde. Er bot mir eine enge Zusammenarbeit an und außerdem einen Sitz im Verwaltungsrat, was mich sehr freute. Trotzdem lehnte ich ab, da ich einfach keine zusätzlichen Aufgaben mehr übernehmen konnte.

Nun wuchs die Firma, die inzwischen zwei zahlungskräftige Gesellschafter hatte, schnell. Ich beschäftige viele Piloten und Mitarbeiter in der Verwaltung, setzte eigene und vor allem gecharterte Helikopter ein (Großhelikopter wie z. B. PUMA z. B. aus der Schweiz).

Einmal (1970) besuchte ich einen Kunden, der eine Seilbahn auf den Geigelstein (nähe Chiemsee) plante, in seinem Baubüro auf der grünen Wiese mit dem Hubschrauber. Diesen Flug mit unserem Chefpiloten Uwe Heins werde ich nie vergessen.

Wir landeten vor dem Büro des Interessenten, ich beantwortete alle Fragen, mit welchem Hubschraubertyp wir die Masten bei welcher Außentemperatur transportieren konnten, ich bekam den Auftrag und wir starteten von der Nähe des Chiemsees direkt zurück zur Firma in Baden Baden. Unter uns konnten wir einen langen Stau auf der Autobahn beobachten, über den wir hinwegflogen. Dies war eines meiner vielen unvergesslichen Erlebnisse und ein gutes Beispiel, wieviel Zeitersparnis ein Hubschrauber für Geschäftsleute bringen kann.

Eine Schlüsselaufgabe für jedes Hubschrauberunternehmen ist die Optimierung der Kapazitätsauslastung durch gebuchte Flugstunden. Meine Methode zur Generierung zusätzlicher Buchungen war: Ich suchte ständig nach neuen Wegen zur Nutzung der Hubschrauber.

1968 erhielt ich einen 6-wöchigen Erprobungs-Auftrag vom General-sekretariat des DRK in Bonn unter der Leitung von *Prof. Rudolf Frey* (Uni Mainz) mit der Fragestellung: „Wie kann ein Rettungshubschrauber (RTH) in der Unfallrettung eingesetzt werden?"

Zur Unterstützung des Tests besuchte ich alle Polizeidienststellen im 50-km-Radius um Mainz und hielt einen kurzen Vortrag über unser Vorhaben. Ein Rundschreiben allein hätte nichts genützt.

Obwohl der Test vielversprechende Ergebnisse brachte, konnte sich das DRK – wohl aus Kostengründen – nicht entscheiden eine Luftrettung in Deutschland aufzubauen.

Seit einiger Zeit hatte ich das Erfolgsmodell der Luftrettung in der Schweiz beobachtet und mir war sofort klar, dass dasselbe Konzept auch in Deutschland institutionalisiert werden musste.

Ob Zufall oder Schicksal, ich sprach im richtigen Augenblick mit einem Industriellen am Flughafen Stuttgart über diese meine Idee und die Schweizer Organisation SRFW («Schweizerische Rettungsflugwacht»). Er riet mir: *„Machen Sie das doch einfach hier in Deutschland."* Damit war mein Zögern endgültig beendet. Das war genau die Ermutigung, die ich noch brauchte und zwar von jemandem, der sich wirklich auskannte, einem erfolgreichen Geschäftsmann, der selbst ein Flugzeug besaß und selbst einen Pilotenschein hatte. Nach diesem Treffen setzte ich meinen Plan zügig um und gründete am 06.09.1972 mit 6 weiteren von mir ausgewählten Personen den Verein

«Deutsche Rettungsflugwacht – German Air Rescue»,

kurz «DRF», für den ich dann die Gemeinnützigkeit beantragte.

Alle, die ich damals fragte, rieten mir ab, es würde in Deutschland nicht funktionieren, wir haben nur wenige Berge im Gegensatz zur Schweiz usw. Je mehr man mir abriet umso mehr wusste ich, dass die «DRF» eines Tages eine sehr große Organisation werden würde.

Die «Schweizerische Rettungsflugwacht» (SRFW, heute «REGA») hatte damals (1972) 133.529 Gönner und Gönnerinnen und mehr als 3,3 Mio. Einnahmen, was für mich bedeutete, dass ein Mehrfaches an Mitgliedern in Deutschland möglich sein würde.

Ina v. Koenig vor ihrem Büro und Werft in Baden Baden und Techniker

Ina v. Koenig in der Einsatzzentrale

Fotos: Privatarchiv Ina v. Koenig

Ich besuchte und gewann sechs weitere infrage kommende Gründungs-mitglieder, da zur Gründung 7 Personen vorgeschrieben waren.
Der Präsident der SRFW Dr. h.c. Fritz Bühler sagte sofort zu, als ich ihm den stellvertretenden Vorsitz im Verein anbot. Für ihn und für den Verein «DRF» war diese Verbindung eine WIN WIN Situation. Wir konnten vom ersten Tag der Gründung ein NOVUM in Deutschland anbieten, das absolut wichtig war:

die Heimholung erkrankter oder verletzter Patienten
aus dem Ausland zurück in die Heimat, mit einem Ambulanzjet,

eine unglaublich wichtige Dienstleistung bei damals weltweit ca. 1 Milliarde Reisender und den vielen Firmen, die im Ausland zahlreiche Mitarbeiter beschäftigten.

Damit waren wir – die «DRF» – die Ersten, die ein Ambulanzflugzeug mit Schweizer Präzision und langjähriger Erfahrung in Deutschland an-bieten konnten und Dr. h.c. Bühler konnte sein Ambulanzflugzeug weiter auslasten.

Für die Schweizer Mitglieder (genannt Gönner) war und ist die Heim-holung aus dem Ausland – bei bestimmten Voraussetzungen – kostenlos, auch aus den weitest entfernen Länden wie z. B. Neuseeland, was damals ca. CHF 250 000 gekostet hätte. Die SRFW konnte dieses Risiko selbst tragen, was natürlich für den gerade gegründeten Verein «DRF» in Deutschland nicht möglich war. Um diesen Vorteil auch unseren Mit-gliedern anbieten zu können, suchte ich, wie bereits gesagt, eine Ver-sicherung, die es damals nicht gab.

Einführung durch eine Frau: die Reiserückholversicherung

Die Idee einer Frau ließ die heute im Tourismus millionenfach genutzte Reiserückholversicherung Realität werden.

Zunächst gab es eine Kostenbegrenzung pro Rettungsflug auf DM 10 000, die später aufgehoben werden konnte. Mit dieser unserer Zusage für «DRF»-Mitglieder konnten wir sehr schnell Mitglieder gewinnen.

Da ich den Verein ohne Kapital gegründet hatte, hing die gesamte Aufbauarbeit fast ausschließlich an mir und an meinen Mitarbeitern der Firma «LTD Helikopters». Wir konnten uns damals auch keine Mitglie-

Bundesminister für Arbeit und Sozialordnung Herbert Ehrenberg zu Besuch in der Alarmzentrale

Foto: Privatarchiv Ina v. Koenig

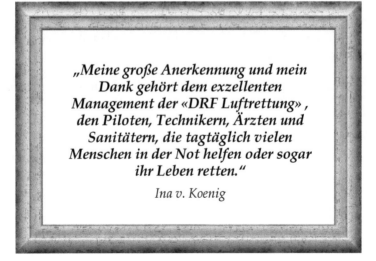

„Meine große Anerkennung und mein Dank gehört dem exzellenten Management der «DRF Luftrettung», den Piloten, Technikern, Ärzten und Sanitätern, die tagtäglich vielen Menschen in der Not helfen oder sogar ihr Leben retten."

Ina v. Koenig

derwerbung über die Medien leisten. Aus diesem Grund baute ich eine Haus-zu-Haus-Werbung auf. Der Vorteil: Hier wird der Werber nach Erfolg bezahlt und erst dann, wenn das Mitglied geworben wurde. Ich konnte den Gründungmitgliedern daher schon nach wenigen Monaten mit Stolz vermelden, dass ich bereits 50 000 Mitglieder werben und damit der Aufbau entscheidend beschleunigt werden konnte.

Gründung der S.O.S.-Flugrettung 1975

Wie man in meinem Interview vom 31.07.2020 (siehe S. 158 ff.) lesen kann, habe ich aus bestimmten Gründen den von mir initiierten Verein «DRF» schweren Herzens 1975 verlassen und gründete einen weiteren gemeinnützigen Verein, die «S.O.S.-Flugrettung». Dieses Mal konnte ich als 1. Vorsitzende Entscheidungen zeitnah treffen.

Mit diesem Verein habe ich am Kreiskrankenhaus in Sande (bei Wilhelmshaven) zusammen mit Chefarzt Dr. Kassel eine Luftrettungs-Station aufgebaut, die sehr viel Geld kostete.

Ich freue mich, dass sich mein jahrelanges großes soziales Engagement trotz großer Widerstände und einem eigenen dornenvollen Weg für die Menschen gelohnt hat und die «DRF Luftrettung» durch exzellentes Management heute zu den größten Luftrettern in Europa zählt. Nach eigenen Angaben ist die «DRF Luftrettung» heute in Deutschland und Europa eine der führenden Luftrettungsorganisationen geworden und feiert das ganze Jahr 2023 ihr 50-jähriges Einsatz-Jubiläum.

Ganz ehrlich: Ich bin auch heute noch sehr stolz auf meine damalige Idee und deren Durchsetzung.

Ina v. Koenig
10.02.2023
https://luftrettung-pionierin.de

Ina v. Koenig überprüft die Ausrüstung im Hubschrauber

Foto: Privatarchiv Ina v. Koenig

Ein Pionier in der Flugrettung in Deutschland: Ina v. Koenig

Liebe zur Fliegerei

Ina v. Koenig ist eine der großen Pioniere der Luftrettung in Deutschland. 1965 begann ihr Interesse für den Einsatz von Hubschraubern – beim Heliskiing im Wallis in der Schweiz. Vielleicht wurde ihr die Liebe zur Fliegerei aber bereits in die Wiege gelegt, denn ihr Vater war Diplom-Ingenieur in leitender Position bei einem großen Flugzeughersteller.

Ihre Leidenschaft galt vor allem den unglaublich flexibel einsetzbaren Hubschraubern. In jungen Jahren baute sie mit großem Fleiß und viel persönlichem Verzicht mit Geschäftspartnern verschiedene Hubschrauberunternehmen im In- und Ausland auf.

Als geschäftsführende Gesellschafterin diverser Helikopterfirmen und als Chair Woman der Firma «Heli Air Egypt» in Kairo, mit Werft und Ersatzteillager in der Wüste von Ras Garib, wusste sie, dass jeder Hubschrauber ein Lebensretter ist. Es war daher naheliegend, dass sie sich mit dem Thema „Hubschrauber zur Rettung" schon früh auseinandersetzte und tatkräftig handelte.

Hubschrauber – eine schwierige Branche

Bei Hubschrauberfirmen handelte es sich in den 1960er Jahren um eine schwierige Branche, denn wer brauchte damals Hubschrauber in einem voll erschlossenen Land wie Deutschland mit wenig Gebirge und gut ausgebauten Straßen?

Für den Aufbau der Firma «LTD Helicopters Lufttransportdienst GmbH & Co KG» waren also Fantasie und Ideen gefragt. Um Kosten zu sparen war es notwendig, mit möglichst wenig Mitarbeitern auszukommen. Daher investierte Ina v. Koenig als geschäftsführende Gesellschafterin viel Fleiß und Zeit, um Kunden zu gewinnen.

Um das neue Transportmittel „Hubschrauber" vorzustellen besuchte sie viele Firmen in ganz Deutschland. Mit ihrem Volkswagen fuhr sie etwa 60.000 Kilometer pro Jahr, um auf Hubschrauber und deren vielseitige Einsatzgebiete aufmerksam zu machen.

Aus dem Prospekt der Firma «LTD Helicopters»

Quelle: Privatarchiv Ina v. Koenig

Ein langer Atem war notwendig. Das unermüdliche Engagement machte sich bezahlt, denn der Firma «LTD Helicopters» gelang es als einzigem deutschen Hubschrauberunternehmen, in das internationale Öl-Geschäft zu kommen, indem Ina v. Koenig immer wieder die Firma Deminex im Rheinland besuchte, was nach zwei Jahren zum Erfolg führte: Ihre Firma bekam einen interessanten Auftrag in Ägypten.

Aufbau der Luftrettung in Deutschland

Durch ihre langjährige Tätigkeit in der Luftfahrt hatte Ina v. Koenig die Idee, Hubschrauber auch für Zwecke der Rettung einzusetzen. Hier gab es bereits Erfahrungen in der Schweiz: die «Schweizerische Rettungsflugwacht». Die Schweizerische Lebensrettungsgesellschaft hatte 1952 mit dem Einsatz von Hubschraubern begonnen. 1960 wurde aus der «Schweizerischen Rettungsflugwacht» ein eigenständiger Verein. Heute ist sie als «REGA» bekannt, die seit 1979 als gemeinnützige Stiftung erfolgreich tätig ist.

Luftrettung war Mitte der 1960er Jahren also kein Neuland, sondern es gab bereits Erfahrungen, die man studieren konnte. Genau das tat Ina v. Koenig: Sie nahm sich die «Schweizerische Rettungsflugwacht» als Vorbild und entwickelte daraus Ideen, wie auch in Deutschland eine ähnliche Struktur aufgebaut werden könnte. Ihrer Ansicht nach bestand hier eine Lücke im deutschen Rettungswesen, die am besten durch private Initiative ausgefüllt werden konnte.

Obwohl ihr von verschiedenen Seiten gesagt wurde, dass ihre Idee einer Rettungsflugwacht in Deutschland nicht funktionieren würde, war sie von Anfang an überzeugt, dass das Erfolgsmodell aus der Schweiz auch in Deutschland ein Erfolg werden würde.

Mit unermüdlichem Einsatz verfolgte sie ihr Ziel, eine Luftrettung in Deutschland aufzubauen. Sie knüpfte Kontakte, führte Gespräche und ließ sich nicht beirren, auch wenn sie auf Ablehnung oder Desinteresse stieß. Am 04.09.1967 bot sie dem ADAC eine Zusammenarbeit beim Aufbau der Luftrettung an, was kein Interesse hervorrief. Heute meint sie dazu: *„Die Vorteile wurden leider nicht erkannt."*

Damals wusste sie nicht, dass es auch andere Bemühungen gegeben hatte, eine Deutsche Rettungsflugwacht zu gründen. So hat Rechtsanwalt Dr. Dr. Werner Bredtfeld bereits Ende der 1950er Jahre eine „Deutsche

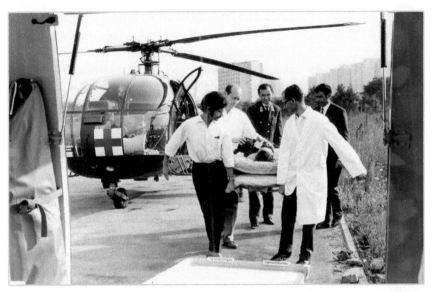

1968 erhielt die Fa. «LTD Helicopters» einen Auftrag vom Deutschen Roten Kreuz (DRK). Im Hintergrund Herr Weiss vom DRK (in Uniform).

«LTD Helicopters» Geschäftsführerin Ina v. Koenig begrüßt Herrn Weiss vom DRK-Generalsekretariat.

Fotos: Privatarchiv Ina v. Koenig

Rettungsflugwacht" initiiert. Dr. Dr. Bredtfeld schrieb laut «Luftrettung in der Bundesrepublik Deutschland» im Mai 1962, dass *„der Weg zum deutschen zivilen Luftrettungsdienst lang, schwer und dornenvoll ist. Hier muß noch sehr viel Aufklärungsarbeit geleistet werden, manches Vorurteil fallen. Immerhin zeigen sich zunehmend Anzeichen wachsenden Verständnisses."*

1968

Ein Meilenstein

Die Aufklärungsarbeit von Ina v. Koenig hatte Erfolg. 1968 erhielt ihre Firma «LTD Helicopters», Stuttgart, einen Auftrag vom Generalsekretariat des Deutschen Roten Kreuzes (DRK) Bonn, vertreten durch Herrn Weiss, bei dem ein Hubschrauber vom Typ Alouette 3 für einen Testversuch gechartert wurde. Es ging um die Erprobung des Einsatzes von Hubschraubern im Rettungswesen und fand in Mainz im Zeitraum 6. August bis 22. September 1968 statt. Die medizinische Leitung oblag dem renommierten Professor Dr. Rudolf Frey von der Universität Mainz.

Es war der erste Test mit einer sechswöchigen Langzeiterprobung im Bereich Flugrettung in Deutschland. Der Gedanke einer Rettungsluftbrücke mit Hubschraubern oder Ambulanzflugzeugen war vorher oft diskutiert, aber nun zum ersten Mal über mehrere Wochen in die Tat umgesetzt worden.

Um den Erfolg des Testversuchs sicherzustellen besuchte Ina v. Koenig damals im Umkreis von 50 km um Mainz alle Polizeistationen und hielt einen kurzen Vortrag, damit bei Unfällen dieses neue Rettungsmittel auch gerufen wird.

Der Testversuch 1968 lieferte vielversprechende Ergebnisse. Im Buch «Luftrettung in Deutschland» von Werner Wolfsfellner (Werner Wolfsfellner MedizinVerlag, München) findet sich diese Information dazu: *„Unter Prof. Rudolf Frey wurden 1968 an der Universität Mainz die ersten Rettungshubschrauber-Erprobungsflüge durchgeführt. Von ihm gingen wertvolle Impulse an die noch 'junge' Rettungsfliegerei in Deutschland aus. Hier das letzte komplementäre, aufkommende Luftrettung verweisende Element, bevor der ADAC am 29.09.1970 zum ersten Mal Nägel mit Köpfen macht."*

Die gewonnenen Erfahrungen des ersten Testversuchs 1968 haben Ina v. Koenig darin bestärkt, dass es höchste Zeit war, ihre berufliche Erfahrung in eine humanitäre Rettungsorganisation nach Schweizer Vorbild einzubringen.

Trotz diesem ersten Erfolg in der Langzeiterprobung der Flugrettung führte das DRK diese Möglichkeit der effektiven Rettung nicht weiter. Daher ergriff sie mit «LTD Helicopters» die Initiative und organisierte 1971 einen zweiten Test mit einer Langzeiterprobung im Bereich Flugrettung in Deutschland.

1971

Ein weiterer Meilenstein

Im August 1971 fand über einen Zeitraum von vier Wochen ein zweiter Testversuch als sogenannte «Luftrettungswacht Baden-Württemberg» unter der Schirmherrschaft von Ministerpräsident Dr. Hans Filbinger in Stuttgart statt.

Die Firma «LTD Helicopters» wählte für diesen zweiten Testversuch einer mehrwöchigen Luftrettungswacht die Hauptreisezeit August 1971 und stellte uneigennützig und kostenlos einen Rettungshubschrauber vom Typ Alouette 3 dafür bereit.

Die primären Ziele der «Luftrettungswacht Baden-Württemberg» waren:

1. Schnelle und dem aktuellen medizinischen Stand entsprechende Erstversorgung von Unfallpatienten am Unfallort durch Einsatz von Hubschraubern als Ergänzung der bodenständigen Rettungsdienste.

2. Fortsetzung der Erstversorgung während der Fluges, mittels aller neuzeitlichen medizinischen Einrichtungen in einem ausreichend großen Krankenraum im Hubschrauber durch einen Unfallspezialarzt (Anästhesist), unterstützt durch einen Unfallsanitäter, d.h. Fortführung der lebensrettenden Maßnahmen während des Fluges.

3. Schneller Transport in die kompetente Spezialklinik, die mit den Spezialeinrichtungen ausgestattet ist, die für den speziellen Fall benötigt werden, über die ein kleineres Krankenhaus nicht verfügt und die im Straßentransport wegen möglicherweise zu langer Transportzeit nicht angefahren werden.

4. Sicherstellen des Vorausbescheides aus dem im Fluge befindlichen Hubschrauber an die anzufliegende Klinik. Mitteilung des Unfallspezialarztes über die zu treffenden Vorbereitungen für die erforderliche sofortige Behandlung.

5. Schonendste Einlieferung, präzise persönliche Übermittlung der Diagnose des Anästhesisten an den weiterbehandelnden Arzt der Spezialklinik, um die dortigen erweiterten Reanimationsmöglichkeiten ohne Verzögerung durchzuführen, um auch bei schwierigen Fällen eine beste Wiederherstellung des Verunglückten zu erreichen.

Weitere Zielsetzungen waren:

– Transport von Blut, Impfstoffen, Heilseren, speziellen Heilmitteln und Geräten bei dringendem Bedarf.

– Transport von Spezialärzten oder ärztlichen Operationsgruppen in eine Klinik.

– Durchführung von Sekundärtransporten von Patienten von einer Klinik in die spezielle Behandlungseinheit einer anderen Klinik.

Um diese Zielsetzung zu erreichen wurden zahlreiche Organisationen kontaktiert und um ihre Mithilfe gebeten. Fast alle haben ihre aktive Mitwirkung zugesagt.

So hat die Landespolizeidirektion Baden-Württemberg die unverzügliche Durchgabe von Unfallereignissen zugesagt, bei denen Verletzte zu beklagen waren und der Einsatz eines Rettungshubschraubers nützlich oder notwendig erschien. Die Autobahn- und Straßenmeistereien von Baden-Württemberg haben eine entsprechende Handhabung in Aussicht gestellt. Der ADAC hat zugesagt, seine für Straßenbeobachtung eingesetzten Flugzeuge und Landfahrzeuge anzuweisen, die Luftrettungswacht zu alarmieren, wenn die Schwere eines Unfallgeschehens den Einsatz der Luftrettungswacht erforderlich erscheinen lässt.

Presse, Rundfunk, Fernsehen wollten die Luftrettungswacht wiederholt in ihren Veröffentlichungen und Nachrichten bringen, damit Unfallteilnehmer oder Beobachter trotz erster Aufregung die richtigen Meldungen mit genauer Angabe des Unfallortes an die richtige Telefonnummer durchgeben konnten.

Die volle Mitwirkung des ärztlichen Dienstes vom Deutschen Roten Kreuz, Landesverband Baden-Württemberg, und der Bezirksärztekammer

Interview Südwestfunk Baden Baden mit Ina v. Koenig Anfang der 1970er Jahre

Ina v. Koenig mit Chefpilot der S.O.S.-Flugrettung Jürgen Malmberg im Hubschraubercockpit

Fotos: Privatarchiv Ina v. Koenig

Nordwürttemberg wurde zugesagt. Die Rettungs- und Hilfsdienste der Johanniter, Malteser, Arbeiter Samariter und die Feuerwehr haben ebenfalls ihre Mitwirkung und ihren Beitrag zum Gelingen des Einsatzes zugesagt.

Direktor Wendel, Flughafen Stuttgart GmbH, und die am Flughafen tätigen Dienste, insbesondere die Flugsicherung, haben ihre Unterstützung gegeben.

Ministerpräsident Dr. Hans Filbinger hat die Schirmherrschaft übernommen und alle Dienststellen des Landes angewiesen, in geeigneter Weise zum erfolgreichen Wirken der «Luftrettungswacht Baden-Württemberg» beizutragen.

Die «Luftrettungswacht Baden-Württemberg» wollte unter anderem zeigen, dass Unfallrettungsdienst eine zivile Aufgabe darstellt und Sanitätseinheiten der Bundeswehr nur bei großen Katastrophen eingesetzt werden sollten. Die Bundeswehr mit ihren vielfältigen anderweitigen hoheitlichen Aufgaben würde diese vernachlässigen müssen, wenn sie Aufgaben aus dem zivilen Sektor übernehmen müsste.

Nach Abschluss dieses Probeeinsatzes sollte beurteilt werden, ob sich Ansatzpunkte ergeben einen ständigen Luftrettungsdienst einzurichten.

1972

«Deutsche Rettungsflugwacht e.V.» – heute «DRF Luftrettung»

Als auch nach diesem erfolgreichen zweiten Testversuch weder das DRK noch ein Ministerium die Luftrettung mit Rettungshubschraubern aufbauen wollten, übernahm Ina v. Koenig – trotz aller negativen Voraussagen („das geht in Deutschland nicht") – wieder selbst die Initiative und suchte sechs weitere Mitglieder für die Gründung eines gemeinnützigen Vereins mit dem Namen (analog der Schweiz) «Deutsche Rettungsflugwacht e.V.» (kurz «DRF»).

Am 06.09.1972 war es so weit: Der Verein «Deutsche Rettungsflugwacht e.V.» wurde mit sechs weiteren Pionieren nach Schweizer Vorbild gegründet.

Die allesamt von Ina v. Koenig ausgewählten Gründungsmitglieder der «DRF» waren:

„Die Gründung der
Deutschen Rettungsflugwacht e.V.
(heute «DRF Luftrettung»)
war eine Pionierleistung
und ist ein hervorragendes Beispiel dafür,
was verantwortungsbewusste Bürger
in Staat und Gesellschaft
an positiver Veränderung bewirken können."

Hans Dietrich Genscher 1997

- Siegfried Steiger – Ihm wurde von Ina v. Koenig die Position des Präsidenten angeboten.
- Dr. h.c. Fritz Bühler – Dem Leiter der «Schweizerischen Rettungsflugwacht» (heute «REGA») bot sie die Position des Vize-Präsidenten an.
- Alexander Piltz – Industrieller, war selbst Pilot mit eigenem Flugzeug am Stuttgarter Flughafen
- Günther Kurfiss – Luftfahrtunternehmer
- Klaus Müller – Hubschrauberpilot
- Dr. Zahradnicek – Arzt bei Daimler Benz
- Ina v. Koenig – Geschäftsführende Gesellschafterin der Fa. «LTD Helicopters»

Für sich selbst wählte Ina v. Koenig die arbeitsreiche Position des „geschäftsführenden Vorstandsmitglieds", wohlwissend, dass sie durch ihr Fachwissen in der Luftfahrt, insbesondere was den Einsatz von Hubschraubern betrifft, als Einzige das große Engagement und jene Aufbauarbeit leisten konnte, die, neben einem großen Engagement, dafür notwendig war.

Eigentlich hätte Ina v. Koenig gerne noch eine weitere Frau mit an Bord gehabt, eine Bekannte ließ sich jedoch nicht überzeugen, als Ärztin teilzunehmen.

Die Aufbauarbeit

Als geschäftsführendes Vorstandsmitglied übernahm Ina v. Koenig ehrenamtlich die gesamte Aufbauarbeit. Da der Verein ohne Kapital gegründet worden war, stellte sie die gesamte Infrastruktur ihrer Firma «LTD Helicopters» (Büro am Flughafen, Personal, Telefon, Auto, die ersten Drucke, Briefmarken für große Aussendungen, usw.) und ihre ganze Arbeitskraft dem Verein kostenlos zur Verfügung.

Die Aufbauarbeit des Vereins hat Ina v. Koenig unter Zurückstellung ihrer Aufgaben als Geschäftsführerin mehrerer Hubschrauberfirmen in Deutschland und Ägypten zunächst alleine geleistet. Für die Firmen musste sie extra einen weiteren leitenden Mitarbeiter einstellen, weil ihre Arbeitskraft fehlte.

1965 «Südd. Luft-Taxi-Dienst (L-T-D)» führte Rundflüge durch

Hubschrauber Alouette 3 im Rettungseinsatz - einer der ersten Einsätze 1973

Fotos: Privatarchiv Ina v. Koenig

Ambulanz-Jet – einsatzbereit schon am Tag 1 nach der Gründung

Trotz dieser enormen Herausforderungen war die «DRF» ab dem ersten Tag einsatzbereit – und zwar mit einem Ambulanz-Jet für Heimholungsflüge (Repatriierung), die damals ein absolutes Novum für Deutschland waren und erstmals von der «DRF» angeboten wurden.

Dies war möglich durch die enge Zusammenarbeit mit Dr. Fritz Bühler («Schweizerische Rettungsflugwacht») und durch eine eigene Alarmzentrale.

Die Alarmzentrale bestand anfangs nach 17 Uhr nur aus dem Bereitschaftsdienst von Ina v. Koenig. Durch mehrmalige Anrufe bei der Flughafen-Telefonzentrale prüfte sie, ob man dort schon wusste, wie man etwaige Anrufer an die «Deutsche Rettungsflugwacht» durchstellt.

Rückholungsflüge mit der dazugehörigen Versicherung für «DRF»-Mitglieder, Einsatzbereitschaft ab dem ersten Tag, modernste medizinische Ausrüstung und Know-how – dieser Qualitätsunterschied war damals sehr wichtig.

Finanzierung des Vereins durch Werbung von Fördermitgliedern

Schon nach kurzer Zeit kümmerte sich Ina v. Koenig um die Finanzierung des Vereins und baute eine Mitgliederwerbung (nach Schweizer Vorbild) auf, die sehr gut funktionierte. Der relativ kleine Jahresbeitrag garantierte einen kostenlosen Heimholungsflug bei medizinischer Notwendigkeit von überall her, auch aus Australien, was damals z. B. Kosten von mehr als DM 250 000.-- verursachte.

Versicherung gesucht, die es noch nicht gab

Das Problem war, dass es in Deutschland zu jener Zeit noch keine Versicherung für die Zusage von Heimholungsflügen bei medizinischer Notwendigkeit gab.

Ina v. Koenig gab nicht auf und fand zunächst eine begrenzte Deckung der Zusage an die Mitglieder in London bei «Lloyds». Es war ein Super-Angebot für alle Menschen, die auf Reisen gingen, das man damals einfach aus Sicherheitsgründen annehmen musste. Das Reisen nahm immer mehr zu. Damals waren weltweit schon 1 Milliarde Menschen unterwegs.

Zweimotoriger Hubschrauber vom Typ Dauphin vor dem Einsatz in Ägypten

Hubschrauber beim Probeflug vor dem «LTD Helicopters» Büro und Werft in Baden Baden

Fotos: Privatarchiv Ina v. Koenig

Heute ist die Rückholung bei medizinischer Notwendigkeit bei jeder Reise angeboten. Es wurde ein neues lukratives Geschäft der deutschen Versicherungsbranche.

Nachdem sie

- die Gemeinnützigkeit für den Verein beantragt und erhalten hatte,
- eine Versicherung für die Mitglieder in London gefunden (es gab keine in Deutschland) und
- erfolgreich die Mitgliederwerbung aufgebaut hatte,

konnte sie für die «DRF» eigenes Personal suchen, einstellen und einarbeiten, ein eigenes Büro mieten, eine Alarmzentrale aufbauen, kostenlose Werbung in den Zeitungen erbitten und vieles mehr.

1972 war auch für «LTD Helicopters» ein besonderes Jahr

Das Jahr 1972 war nicht nur das Gründungsjahr der «Deutschen Rettungsflugwacht e.V.», sondern auch ein besonderes Jahr für die Fa. «LTD Helicopters». Nach 2 Jahren intensiver Akquisition der geschäftsführenden Gesellschafterin Ina v. Koenig erhielt die Fa. «LTD Helicopters» (Stuttgart, später mit Werft in Baden Baden) einen Auftrag von der Fa. Deminex zur Bohrinselversorgung in Ägypten, was der Firma einen großen Aufschwung brachte.

Deutschland, Ägypten, UAE, China, Japan und Hongkong

Ihre Vision von Hubschraubern als Lebensretter führten sie auch nach Ägypten, in die Vereinigten Emirate, nach China, Japan und Hongkong. Sie hielt in Deutschland und in Ägypten Vorträge und verhandelte in Abu Dhabi mit einflussreichen Scheichs, die großes Interesse am Aufbau einer Luftrettung in den Vereinigten Arabischen Emiraten (UAE) zeigten.

Sogar in Peking (China) berichtete sie später von ihrem Engagement in Deutschland und konnte kaum glauben, dass auch dort – schon damals – Interesse am Thema Luftrettung bestand. Später gründete sie in Hongkong die Firma «Flying Doctors – Global Network».

Ganz anders verhielt es sich in Japan, wohin sie reiste. Dort bestand keinerlei Interesse am Aufbau einer Luftrettung.

Flugrettungstag – Aktion für den Flugrettungsgedanken

Fotos: Privatarchiv Ina v. Koenig

1973

Start 19.03.1973 Aufbau des 1. Luftrettungszentrums (LRZ) der «DRF» in Stuttgart

Ina v. Koenig verhandelte mit dem Chefarzt des Kreiskrankenhaus in Böblingen bei Stuttgart bezüglich Stationierung eines voll ausgerüsteten Rettungshubschraubers und über die Gestellung von Ärzten und Sanitätspersonal. Die Firma «LTD Helicopters» vercharterte einen geräumigen Hubschrauber vom Typ Alouette 3 an die «DRF» zu einmalig günstigen Konditionen. Bei Ausfall der Maschine (wegen Wartungsarbeiten und Kontrollen) oder Ausfall des Piloten (wegen Krankheit oder Urlaub) konnte LTD jeweils einen Ersatz stellen. Die reinen Flugkosten wurden von den Krankenkassen übernommen.

1975

So erfolgreich die «DRF» auch war, nicht alles war rosig, denn intern gab es leider viele völlig unnötig aufgebaute Spannungen und Mobbing. Letztlich sah Ina v. Koenig nur die Option, sich von der «DRF» zu trennen. Daraufhin gründete sie die «S.O.S.-Flugrettung e.V.» als gemeinnützigen Verein in München. Sie widmete sich weiterhin mit vollem Einsatz dem Thema, welches ihr am meisten am Herzen lag: der Luftrettung.

Gründung der «S.O.S.-Flugrettung e.V.»

Wieder ohne Kapital, wieder mit anfänglich privater Finanzierung und viel Arbeit gründete sie am 19.02.1975 den gemeinnützigen Verein «S.O.S.-Flugrettung e.V. – Internationale Zentrale für Luftrettung» in München mit sechs weiteren Gründungsmitgliedern. Diesmal übernahm sie selbst den Vorsitz. In dieser Position war sie handlungsfähiger.

Grußwort

Die S.O.S.-Flugrettung e. V. hat sich die Rettung von Menschen aus Not und Gefahr zum Ziel gesetzt.

Diese humanitäre Aufgabe verdient Dank und Anerkennung.

Die Luftrettung ist ein unverzichtbarer Bestandteil unseres Rettungsdienstes geworden. Wir sollten daran mitarbeiten, sie für alle, die ihr bedürfen, optimal zu gestalten. In diesem Sinne wünsche ich der Wohltätigkeitsveranstaltung zugunsten der S.O.S.-Flugrettung den besten Erfolg.

Dr. h. c. Franz Josef Strauß
Parteivorsitzender der CSU

Quelle: Privatarchiv Ina v. Koenig

Grußwort von Dr. h.c. Franz Josef Strauß

„Die S.O.S.-Flugrettung e.V. hat sich die Rettung von Menschen aus Not und
Gefahr zum Ziel gesetzt.
Diese humanitäre Aufgabe verdient Dank und Anerkennung.
Die Luftrettung ist ein unverzichtbarer Bestandteil unseres Rettungsdienstes
geworden. Wir sollten daran mitarbeiten, sie für alle, die ihr bedürfen, optimal
zu gestalten. In diesem Sinne wünsche ich der Wohltätigkeitsveranstaltung
zugunsten der S.O.S.-Flugrettung den besten Erfolg."

Dr. h.c. Franz Josef Strauß, Parteivorsitzender der CSU

Das lobende Grußwort von Dr. h.c. Franz Josef Strauß ermunterte Ina v.
Koenig in Bayern – in ihrer Heimat – vermehrt tätig zu werden.

So stellte die Fa. «LTD Helicopters» der S.O.S.-Flugrettung kostenlos
einen Rettungshubschrauber (RTH) vom Typ Alouette 3 zur Verfügung,
um diesen am BG-Unfallkrankenhaus in Murnau zu stationieren.
Chefarzt Dr. Ruidisch am «Berufsgenossenschaftlichen Krankenhaus»
(Spezialklinik für Patienten mit Querschnittlähmung) begrüßte diese
Stationierung mit großer Zufriedenheit. Der Rettungshubschrauber
wurde für sogenannte Sekundärflüge (Verlegungsflüge von einem
Krankenhaus in eine Spezialklinik) eingesetzt.

Leider stand Franz Josef Strauß der «S.O.S.-Flugrettung» später wider
Erwarten ablehnend gegenüber und ließ den Hubschrauber aus Murnau
wieder abziehen. Begründung: Kein Bedarf – Standort nicht vorgesehen.
Später wurde in Murnau ein RTH der ADAC-Luftrettung stationiert.

Viel Gegenwind aus der Männerwelt

Leider und das muss auch gesagt werden: Seit ihrer Initiative zur Gründung der «DRF» 1972 muss Ina v. Koenig mit unglaublichem Gegenwind
(meist aus der Männerwelt) fertig werden.

1976

Ein Rundflug für Menschen mit Querschnittlähmung zeigt das soziale
Engagement von Ina v. Koenig. Ihre Motivation war, den Menschen eine
Freude zu machen und den Genuss des Fliegens zu bieten. Mit dem Hub-

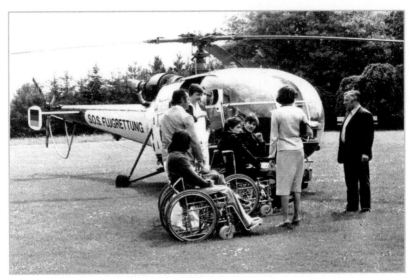

Einladung Patienten der Unfallklinik Murnau zum Alpenrundflug
und Landung auf der Kreut-Alm

Ina v. Koenig mit einem Vertreter der Murnauer BG-Unfallklinik (li.) und dem Wirt der
Kreut-Alm (re.), wohin sie nach einem Hubschrauber-Alpenrundflug einige Patienten
der Klinik (Menschen mit Querschnittlähmung) eingeladen hatte.

Fotos: Privatarchiv Ina v. Koenig

schrauber, einer Alouette 3, wurden zwölf querschnittsgelähmte Patienten von der Unfallklinik Murnau abgeholt und zu einem Ausflug zur Kreut-Alm geflogen. Bei schönem Wetter konnten die Menschen einige schöne Stunden mit Brotzeit und bayrischer Musik genießen. Der Rundflug machte nicht nur den Patienten aus der BG-Unfallklinik Murnau große Freude (gesponsert von der Fa. «LTD Helicopters» und S.O.S.-Flugrettung), er sorgte auch für regionale Aufmerksamkeit (siehe Seite 124).

1977

Hubschrauber überbrücken Flughafenschließung in Stuttgart

In der Zeit vom 12. September bis 11. Oktober 1977 waren die Start- und Landebahnen des Stuttgarter Flughafens wegen Umbauarbeiten für die regulären Linien- und Charterjets gesperrt.

Während der Zeit der Flughafenschließung und danach bot «LTD Helicopters» Flüge ab Stuttgart mit dem Hubschrauber für Passagiere an. Denn Hubschrauber waren die einzigen Fluggeräte, die vom Start- und Landeverbot in der Sperrzeit nicht betroffen waren.

Was Politiker, Industrielle und VIPs schon zunehmend nutzten, wurde nun für jedermann zugänglich: der Flug mit dem Hubschrauber! Ob einzeln oder in der Gruppe – mit «LTD Helicopters» gelangte man ab Stuttgart an viele Flugziele, die von Liniengesellschaften nicht angeflogen wurden. Die Flughäfen Frankfurt, Strassburg oder Zürich zum Beispiel waren damals mit dem Hubschrauber in etwa einer Stunde zu erreichen.

1978

Öffentlichkeitsarbeit in Form von Veranstaltungen

Am 6. Mai 1978 fand beim Frühlingsfest auf der Cannstatter Wasen eine Rettungshubschrauber- und Hilfsgeräteausstellung statt. Während der Rettungsflugtage am 27. und 28. Mai 1978 am Stuttgarter Flughafen wurden mit Unterstützung der Polizei Rettungshubschrauber vorgestellt. Der Luftrettungsgedanke sollte mit einigen spektakulären Veranstaltungen besonders unterstrichen werden, um eine große Öffentlichkeit zu erreichen.

Zurück in die Heimat...

Größere Wirtschaftlichkeit in der medizinischen Versorgung erzielt die S.O.S.-Flugrettung quasi nebenbei. Tatsache ist, daß die Einrichtung medizinischer Spezialzentren sehr viel Geld kostet. Der Transport per Notarzt-Jet und Hubschrauber aus medizinisch nicht optimal versorgten Ländern oder Gebieten

der Bundesrepublik zu einer Spezialklinik ist weitaus kostengünstiger als die Errichtung vieler medizinischer Zentralen für Eventual-Fälle in Randgebieten. Ganz abgesehen davon, daß die Errichtung solcher Zentren im Ausland von deutschen Institutionen nicht forciert werden können. Dazu kommt, daß

Ambulanzflüge in jedem Fall dazu beitragen, dem Patienten schnellere Behandlung und Heilung zukommen zu lassen, wodurch sich nicht nur die Überlebenschancen erheblich vergrößern, sondern auch die schnellere Genesung und ein verkürzter Krankenhausaufenthalt in den meisten Fällen gewährleistet ist. Gerade hinsichtlich dieser Flüge läßt sich übrigens der medizinische und psychologische Wert der Heilungs-Förderung nicht hoch genug einschätzen. Erfahrungswerte zeigen, daß Schwerverletzte, die zur Operation in ein medizinisches Zentrum in die Heimat zurückgeholt werden, eine um 6 bis 12 Monate verkürzte Heilungszeit haben.

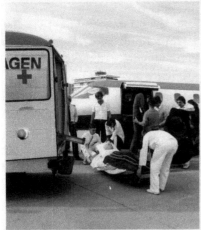

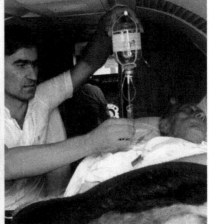

Daß die Rolle des Zeitfaktors bei der Erstbehandlung solcher Patienten nicht hoch genug eingeschätzt werden kann, ist heute unbestritten. Je früher die ärztliche Behandlung einsetzt, umso kürzer ist die Einwirkungsdauer posttraumatischer oder krankheitsbedingter Schädigungen (z.B. Hypoxie, Schock), umso geringer ist

aber auch der Aufwand, der bei der nachfolgenden Intensivbehandlung und bei späteren Rehabilitationsmaßnahmen erforderlich ist. Durch Optimierung der ärztlichen Erstversorgung werden sowohl dem Patienten wie dem Kostenträger zusätzliche Schäden und zusätzliche Kosten erspart.

13

Aus dem Prospekt «S.O.S.-Flugrettung e.V.»

Quelle: Privatarchiv Ina v. Koenig

Vernetzt und international

Technisch gesehen setzt außer der Erfahrung mit dem Fluggerät und den medizinischen Spezialeinrichtungen eine funktionierende Luftrettungsorganisation auch voraus, dass man für die Alarmzentrale geschulte Mitarbeiter einsetzen kann, die so wendig sind, dass sie in kürzester Zeit vom erhaltenen Notruf an die schnellsten Kontakte zu den Chartermaschinen und dem medizinischen Begleitpersonal, und nicht zuletzt zu den aufnehmenden Kliniken, herstellen können.

In der Praxis sah das zum Beispiel so aus:

Aus Ibiza kam um 11.15 Uhr der Notruf einer 35-jährigen Frau, der man bei einem Kollaps und einer Dauernierenkolik nicht helfen konnte, weil es keine Möglichkeiten für eine röntgenologische Nierendiagnostik gab. Um 18.00 Uhr startete das von der S.O.S.-Flugrettung eingesetzte Notarztflugzeug bereits von Ibiza und brachte die Patientin über Stuttgart ins Spezialkrankenhaus nach Hamburg.

Eine Frau erlitt in Südtirol eine Gehirnblutung, das Rettungsflugzeug der S.O.S.-Flugrettung startete um 9.30 Uhr in Stuttgart, nach viereinhalb Stunden, während denen die Patientin im Flugzeug vom Notarzt versorgt wurde, kam sie in die Stuttgarter Klinik.

Dass die S.O.S.-Flugrettung auf allen Breitengraden zu Hause war, zeigt das Schicksal eines Ölmonteurs, der in der Nähe der libyschen Stadt Tobruk in einen Tank stürzte und nach 36 Stunden Bewusstlosigkeit nach komplizierten luftrechtlichen Verhandlungen schließlich um 14.00 Uhr des nächsten Tages von den Rettern der S.O.S.-Flugrettung in eine Hamburger Unfallklinik eingeliefert werden konnte, wo es schließlich gelang, sein Leben zu erhalten.

Ein Münchener verunglückte auf einer Bildungsreise nach Polen, in der polnischen Klinik wurde sein komplizierter Oberschenkelbruch so gut es geht versorgt. Ausfliegen schien hoffnungslos, da die polnischen Behörden von 14 Tagen Wartezeit für die Einfluggenehmigung sprachen. Das Reisebüro verständigte die S.O.S.-Flugrettung, sie organisierte von Stuttgart aus noch in der gleichen Nacht, dass ein polnisches Kleinflugzeug den Patienten zum nächsten Flughafen in Polen brachte, von dort holte ihn ein Notarzt-Jet nach München. Der glückliche Patient sagte bei seiner Ankunft im Krankenhaus: *„Ich bin sprachlos!"* Der Alarm kam mittags, am nächsten Morgen startete bereits der Heimflug.

Einweihung Luftrettungs-Station (LRS) Sanderbusch, 1979
Bundesminister für Arbeit und Sozialordnung Herbert Ehrenberg (vorne mit Hut),
Chefarzt Dr. Kassel (in weiss), Ina v. Koenig und Chefpilot Uwe Heins (re.)

Bundesminister für Arbeit und Sozialordnung Herbert Ehrenberg besucht die
Alarmzentrale der S.O.S. Flugrettung in Bernhausen bei Stuttgart

Fotos: Privatarchiv Ina v. Koenig

Rettungstransporthubschrauber für Berlin

Im Frühjahr 1978 war es endlich so weit: In der geteilten Stadt Berlin sollte ein Rettungstransporthubschrauber stationiert werden. Die S.O.S.-Flugrettung bewarb sich, die Alliierten gaben grünes Licht. Somit erhielt die S.O.S.-Flugrettung den Auftrag, in Zusammenarbeit mit einer Fluggesellschaft der Schutzmächte einen Weg zu suchen, der auch Berliner Unfallopfern oder Notfallpatienten in der Stadt eine schnelle Hubschrauberrettung ermöglichte und Auslandsurlaubern aus Berlin die rettende Heimholung garantierte.

Die Idee eines solchen Luftrettungsdiensts für Berlin wurde von Anfang an von «British Airways» unterstützt, die selbst große Erfahrung in der Luftrettung (in Zusammenarbeit mit der Fa. «LTD Helicopters») im Bereich der nördlichen Nordsee mit ihrer Hubschraubergesellschaft «British Airways Helicopters» hatte. Da deren Großhubschrauber für solch einen Einsatz in Berlin jedoch nicht in Frage kam, sah Ina v. Koenig sich nach einem anderen Partner um, den sie in der bekannten britischen Firma «Ferranti Helicopters» und dessen Geschäftsführer und Chefpilot Bob Smith fand.

Rettungsfahrzeuge hatten es im komplizierten Berliner Stadtverkehr oft schwer: Weitverzweigte Straßen, weitläufige Grün- und Wasserflächen ließen auch den schnellen Notarztwagen nicht immer als optimale Rettungsmöglichkeit erscheinen. Daher war es besonders wichtig, den Bürger frühzeitig und umfassend über das zu informieren, was er selber tun konnte, um zu einer schnellen Luftrettung im Notfall beizutragen.

Spender und fördernde Mitglieder in der Stadt waren neben einem Beitrag von offizieller Seite für die Finanzierung dieses Luftrettungssystems notwendig.

Letztlich scheiterten die monatelangen Bemühungen, weil man damals im Senat der Meinung war, dass in Berlin kein Rettungshubschrauber benötigt werden würde. Diese Meinung änderte sich jedoch später wieder und die «ADAC-Luftrettung» bekam den Zuschlag.

1979

Luftrettungszentrum im hohen Norden

Mit großem Einsatz und intensiver PR-Arbeit konnte Ina v. Koenig in kurzer Zeit ca. 50.000 Fördermitglieder auch bei der «S.O.S.-Flugrettung»

Stand der «S.O.S.-Flugrettung» bei der AIRMED 1980 in München, Ina v. Koenig (Mitte), ihr Vater Dipl.-Ing. Hanns Audorff (re.), der sehr stolz auf seine Tochter war

Einsatzbesprechung mit Ina v. Koenig (Mitte), Sanitäter (li.) und Chefpilot Jürgen Malmberg (re.) vor einem Sekundäreinsatz

Fotos: Privatarchiv Ina v. Koenig

werben, um die Gründung einer eigenen Luftrettungs-Station (LRS) in Sanderbusch (bei Wilhelmshaven) zu ermöglichen, was eine große Leistung für den noch jungen Verein war. Am 15.11.1979 war es so weit: Chefarzt Dr. Kassel und Ina v. Koenig weihten die LRS in Sanderbusch ein (siehe Foto auf Seite 48).

1980

1980 wurde die AirMed vom ADAC ins Leben gerufen: Der 1. Internationale Luftrettungs-Kongress fand von 16. bis 19. September 1980 in München statt. Der Stand der «S.O.S.-Flugrettung» wurde sehr gut besucht.

Was als Plattform für Diskussionen, Vorträge und Austausch wissenschaftlicher Erkenntnisse zum Thema Luftrettung begann, entwickelte sich zum weltweit größten Fachkongress zum Thema Luftrettung, dem ADAC World Congress. Die nächste AirMed soll 2026 in München stattfinden – sie landet also an dem Ort, wo sie startete, allerdings mit unzähligen Erfolgen und Erfahrungen im Gepäck. Es ist eine große Freude, dass die Luftrettung ein so wichtiges Thema geworden ist.

Sitzverlegung von Stuttgart nach Baden Baden

Im Herbst 1980 wurde der Sitz der Firmengruppe «LTD Helicopters/ Heliair» vom Flughafen Stuttgart zum Flugplatz Baden Baden verlegt.

Stets hat Ina v. Koenig den Gedanken vertreten, dass nur eine sinnvolle Kombination des bodengebundenen Rettungsdienstes mit der Luftrettung in größtmöglicher gegenseitiger Abstimmung auf die Dauer Erfolg bringt.

Wenn es um die Rettung von Menschenleben geht, ertönt immer wieder der Ruf nach dem Staat. Trotz aller zugegebenen Schwierigkeiten bei der Koordinierung hat die Erfahrung gelehrt, dass es besser und wirkungsvoller ist, Rettungsorganisationen auf der freiwilligen Hilfsbereitschaft aufgeklärter Mitbürger und ihrem ausgeprägten Selbsthilfewillen aufzubauen. Denn wo sich die Bürger mit einem relativ geringen Beitrag selber schützen und damit auch gleichzeitig ihre Hilfsbereitschaft für andere bekunden, wächst automatisch das Interesse an der Luftrettung.

Quelle: Privatarchiv Ina v. Koenig

Engagement für die Luftrettung

Ina v. Koenig war in ihrem Beruf als Luftreederin sehr erfolgreich und bereit, ihre Kenntnisse und Möglichkeiten aus sozialem Engagement einer als gut erkannten Sache zur Verfügung zu stellen: der Luftrettung.

S.O.S.-Flugrettung hilft allen - überall!
Werden auch Sie Förderer! Sie genießen im Notfall erhebliche Vergünstigungen

Ihre
Spende hilft
LEBEN RETTEN!

Quelle: Privatarchiv Ina v. Koenig

Aufgabe der S.O.S.-Flugrettung

Für die S.O.S.-Flugrettung ist es nicht nur von großer Bedeutung, daß die Reiselust der Bundesbürger in weiter entfernte Urlaubsgebiete zunimmt, sondern ebenso die Tatsache, daß immer mehr Mitarbeiter auch mittlerer und kleinerer Unternehmen durch Geschäftsreisen in alle europäischen Länder, auch Ostblock, Südamerika und Afrika, einem größeren Gesundheitsrisiko ausgesetzt sind, als je zuvor.

So steigt denn auch die Zahl der Unfälle und Krankheitsfälle, der Hilferufe aus dem Ausland. Mit Hilfe der Notarzt-Jets ist es möglich, Personen, die in Lebensgefahr schweben, innerhalb kürzester Zeit dorthin zu bringen, wo eine wirkungsvolle Behandlung oder Operation möglich ist.

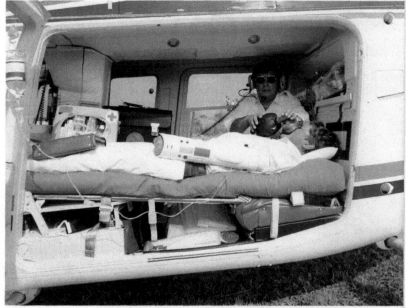

Die Aufgabe der S.O.S.-Flugrettung besteht der Satzung nach darin, Menschen, die verunglückt, erkrankt oder sonst durch Katastrophen, Naturereignisse, höhere Gewalt usw. in Not sind, unter Benutzung von Luftfahrzeugen zu retten. Die S.O.S.-Flugrettung übernimmt oder organisiert Rettungs-, Transport-, Krankenverlegungs- und Suchflüge bei Unglücksfällen, Erkrankungen und Katastrophen. Der gemeinnützige Verein richtet sich bei der Erfüllung seiner Aufgaben nach den Grundsätzen des Internationalen Roten Kreuzes und stellt sich mit allen ihm zur Verfügung stehenden Mitteln in den Dienst notleidender und hilfsbedürftiger Menschen, ohne Ansehen deren finanzieller Leistungsfähigkeit, deren sozialer Stellung, Nationalität, Rasse, des Glaubens oder der politischen Überzeugung.

4

Quelle: Privatarchiv Ina v. Koenig

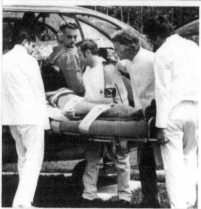

Rettung am Unfallort

Die vehemente Entwicklung des Straßenverkehrs erschwert immer mehr sichere und schnelle Bergungsmaßnahmen in der konventionellen Form.

Aber auch veränderte Rettungsbedingungen und neue Entwicklungen auf technischem und medizinischem Gebiet fordern eine Perfektionierung des Luftrettungssystems in der Bundesrepublik. Die Luftrettung per Hubschrauber garantiert dabei nicht nur ein schnelles Erreichen des Unfallortes, sondern ermöglicht das Heranbringen eines Arztes und damit eine schnelle und qualifizierte Versorgung des Verletzten.

5

Quelle: Privatarchiv Ina v. Koenig

Von Menschen und Maschinen

Ähnlich wie bei der Rettung Schiffbrüchiger oder bei Spezial-Rettungsdiensten des Roten Kreuzes (z.B. Bergwacht) sind für die Luftrettung ganz besondere Spezialkenntnisse

erforderlich. Auf den Aufbau einer gut funktionierenden zivilen Luftrettungsorganisation genügen nicht nur guter Wille und Engagement. Wichtig sind Kenntnisse in der Luftfahrt, Kenntnisse der geeigneten Fluggeräte und der Technik, ein Grundwissen in der Medizin und Wissen um die medizinischen Voraussetzungen für die Luftrettung sowie möglichst umfassende Erfahrungswerte aus der Organisation eines Rettungsdienstes.

Das richtige Flugzeug

Die Flugzeuge, die von der S.O.S.-Flugrettung für Rettungsaufgaben und Transporte im In- und Ausland eingesetzt werden, sind nach den neuesten flugtechnischen und medizinischen Erkenntnissen beschaffen und nach den Richtlinien des Bundesgesundheitsministeriums

ausgerüstet. Der Innendruck der Kabinen kommt den gewohnten Verhältnissen auf dem Boden möglichst nahe. Die Druckkabinen sind imstande, den Bodendruck bis 7.500 m beizubehalten und schließen damit ein den Krankentransport möglicherweise ungünstig beeinflussendes Wettergeschehen aus. Eine Tatsache, die speziell für den Herz-Kreislauf-Kranken von großer Bedeutung ist.

Der fest stationierte Rettungshubschrauber der S.O.S.-Flugrettung am Nord-West-Krankenhaus Sanderbusch in Ostfriesland dient ausschließlich der Luftrettung. Seine Ausstattung ähnelt der eines Notarztwagens und verfügt über alle notwendigen medizinisch-technischen Anlagen, um die vitalen Funktionen des Patienten zu erhalten.

10

Quelle: Privatarchiv Ina v. Koenig

56

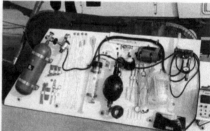

Die richtige Ausrüstung

Der behandelnde Notarzt muß in der Lage sein, mit der vorhandenen Einrichtung eine erste ärztliche Versorgung durchzuführen. So müssen in der Kabine die folgenden medizinischen Geräte betriebsbereit sein:

● geschlossenes Beatmungssystem mit bordunabhängiger Sauerstoffquelle.
● Frischluft-Beatmungsgerät (Ambu-Beutel)
● Intubationsbesteck
● Absauggerät

● Blutdruckmeßgerät
● Infusionslösungen und Infusionsbesteck
● Punktionsmaterial für Venen
● Verbandmaterial
● Fixations- und Schienenmaterial
● Vakuummatratze
● Injektionsmaterial
● chirurgisches Taschenbesteck
● Magensonden
● EKG-Sichtgerät
● Defibrillator
● Otoskop
● Krankentrage
● Einmalwäsche u.s.w.

11

Quelle: Privatarchiv Ina v. Koenig

Die richtige Besatzung

Jeder Ambulanzflug wird von einem notfallmedizinisch ausgebildeten Arzt begleitet, der in der Lage ist, die an Bord befindlichen medizinischen Geräte sachgerecht und eigenverantwortlich anzuwenden. Darüber hinaus besitzt er die erforderlichen flugmedizinischen Kenntnisse.

Die Notärzte der S.O.S.-Flugrettung sind Spezialisten in der Unfallrettung aus speziellen Unfallkrankenhäusern und Universitätskliniken.

Neben dem Arzt ist ein notfallmedizinisch ausgebildeter Sanitäter an Bord. Er führt während des Fluges die erforderliche Pflege aus und erkennt lebensbedrohliche Situationen.

Für das Flugzeug bzw. den Hubschrauber sind Piloten zuständig, die über notfallmedizinische Kenntnisse und in der Primär-Rettung über Ortskenntnisse verfügen.

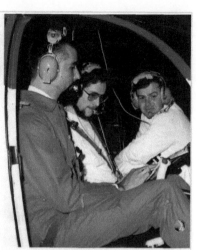

12

In der Alouette 3 konnten 3 Personen und 1 Patient (liegend) und die medizinische Ausrüstung untergebracht werden.

Quelle: Privatarchiv Ina v. Koenig

Ina v. Koenig und die Gründung der Deutschen Rettungsflugwacht (DRF) 1972, heute «DRF Luftrettung»

Interview

FRAGE: Sehr geehrte Frau v. Koenig, die «DRF Luftrettung» hat sich seit ihrer Gründung 1972 zu einem beeindruckenden Unternehmen entwickelt. Sie haben die Anfänge live miterlebt. Wie war das damals?

INA V. KOENIG: Es war meine Idee und meine Initiative. Als Hubschrauber-Unternehmerin hatte ich seinerzeit sehr früh die Idee, Luftrettung in Deutschland einzuführen. Mein klares Vorbild war für mich damals die «Schweizerische Rettungsflugwacht» (SRFW) – die heutige «REGA».

FRAGE: Heißt das, die Schweiz war in Sachen Flugrettung Ländern wie Deutschland weit voraus?

INA V. KOENIG: Ja. Die Schweizerische Lebensrettungsgesellschaft hat schon 1952 die «Schweizerische Rettungsflugwacht» ins Leben gerufen. 1960 wurde die «Schweizerische Rettungsflugwacht» zu einem eigenständigen Verein. Die Anfangsjahre als Verein waren auch in der Schweiz nicht einfach, denn Flugrettung ist kostspielig. Um die finanziellen Schwierigkeiten zu lösen, wurde 1966 die sogenannte „Gönnerschaft" eingeführt – eine Idee, die bis heute funktioniert und den Aufbau eines beeindruckenden Luftrettungsnetzes ermöglicht hat. 1979 wurde der Verein in eine gemeinnützige Stiftung umgewandelt, die bis zum heutigen Tag erfolgreich tätig ist.

FRAGE: Als Sie Anfang der 1970er Jahre die Idee zur Gründung einer Flugrettung in Deutschland hatten, war die «Schweizerische Rettungsflugwacht» noch als Verein organisiert, richtig?

INA V. KOENIG: Richtig. Ich besuchte damals den Präsidenten des Vereins «Schweizerische Rettungsflugwacht» SRFW, Dr. h.c. Fritz Bühler, und bot ihm die Position des Vize-Präsidenten des Vereins Deutsche Rettungsflugwacht an, während ich Siegfried Steiger die Position des

Präsidenten anbot. Weitere interessante Persönlichkeiten wie einen Arzt, einen Flugunternehmer und einen Industriellen mit eigenem Flugzeug und Pilotenschein habe ich aufgesucht und auf Anhieb für meine Idee gewinnen können. Alle haben sofort zugesagt, nur Siegfried Steiger und seine Frau musste ich acht Mal besuchen. Sie wollten wohl die Gründung verzögern.

Durch die enge Kooperation mit Dr. h.c. Fritz Bühler konnten wir als Erste in Deutschland – ab dem Tag der Gründung der «Deutschen Rettungsflugwacht» e.V.» am 06.09.1972 – ein Ambulanzflugzeug einsetzen, das damals bereits mit großer Professionalität auch für schwere Fälle ausgerüstet war.

FRAGE: Warum haben Sie als Gründerin des Vereins «Deutsche Rettungsflugwacht» («DRF») nicht die Funktion des Präsidenten eingenommen?

INA V. KOENIG: Als Frau in einer Männerwelt erschien es mir logisch, dass Männer in der ersten Reihe stehen. Also habe ich mir selbst in der zweiten Reihe die Position des geschäftsführenden Vorstandsmitglieds zugewiesen. Ich tat damals alles um meine Idee – Gründung und Aufbau der «DRF» – zum Erfolg zu verhelfen.

FRAGE: Welche Herausforderungen gab es damals in der Anfangsphase des Vereins?

INA V. KOENIG: Es gab kein Gründungskapital, daher waren ehrenamtliche Arbeit, Einsatzbereitschaft und Kooperationen erforderlich.

Als Idealistin habe ich 2,5 Jahre lang ehrenamtlich (ohne Spesenersatz) und mit Einsatz privaten Geldes den Aufbau der «DRF» mit unermüdlicher Arbeit vorangetrieben, monatelang eine passende Versicherung gesucht (die es damals noch nicht gab), die die Kosten für die kostenlose Rückholung unserer Mitglieder (per Ambulanzjet oder Linienflugzeug) im Falle einer Krankheit oder eines Unfalls decken sollte. Ich habe monatelang geeignete Mitarbeiter gesucht, ausgewählt und in ihre Arbeit eingeschult, die Gemeinnützigkeit des Vereins beantragt, die wichtige Mitgliederwerbung aufgebaut und vieles andere mehr.

Kooperationen waren enorm wichtig. Wie schon gesagt konnte die «DRF» durch die enge Kooperation mit Dr. h.c. Fritz Bühler in der

Schweiz von Beginn an ein Ambulanzflugzeug einsetzen, das für Rettungsflüge jeglicher Art professionell ausgerüstet war.

Eine weitere Kooperation war ebenso wesentlich: Ich selbst führte damals die kommerzielle Fa. «LTD Helicopters Lufttransportdienst GmbH & Co KG» mit Sitz in Stuttgart. Die neu gegründete «DRF» konnte die gesamte Infrastruktur von LTD am Flughafen Stuttgart kostenlos nutzen. Das heißt: Büroräume, Mitarbeiter, Auto, die ersten großen Portoausgaben für Einladungen, Werbemaßnahmen usw., und meine kostenlose Arbeitskraft.

Mehr noch, als Geschäftsführerin der Fa. «LTD Helicopters» verzichtete ich zugunsten des von mir initiierten Vereins «Deutsche Rettungsflugwacht» darauf, selbst mit unserer Helikopterfirma die sogenannten Sekundärflüge (Verlegung von einem Krankenhaus in eine Spezialklinik) anzubieten. Dies war ein großer Verzicht, wenn man bedenkt, dass es in der Hubschrauberbranche damals um jede Flugstunde ging.

FRAGE: Wenn Sie heute auf die bewegten Gründungsjahre der «DRF» zurückblicken: Würden Sie sagen, es hat sich gelohnt?

INA V. KOENIG: Hans Dietrich Genscher, der frühere Außenminister Deutschlands, sagte einmal:

„Die Gründung der Deutschen Rettungsflugwacht e.V. war eine Pionierleistung und ist ein hervorragendes Beispiel dafür, was verantwortungsbewusste Bürger in Staat und Gesellschaft an positiver Veränderung bewirken können."

Dieses Lob freut mich und ist ein kleiner Ausgleich zu den vielen Anfeindungen, die ich jahrelang – bis heute – erleiden muss. Dazu gehören falsche Verdächtigungen, unnötige Prozesse und vieles mehr. Wer Großes erschaffen will, darf auch vor großen Problemen nie zurückschrecken. Genau danach habe ich immer gehandelt.

Es gab damals aber auch Positives. Eines Tages erhielt ich einen überraschenden Anruf aus den USA von einem Albert, der sagte:

„You are the best man of your company, you introduced a new branch in Germany."

Ich war damals über ein so großes Lob aus Amerika derart überrascht, dass ich leider vergaß seinen Familiennamen und seine Firma zu erfragen. Er hatte vermutlich beim jährlichen Helikoptertreffen in den USA, an denen ich aus Zeitgründen nie teilnehmen konnte, von unserem Prokuristen Wilfried Spirandelli, der mich vertrat, von meinen Aktivitäten erfahren.

Dr. Fritz Bühler sagte einmal: *„Ich wurde zu Lebzeiten mit den Steinen beworfen, mit denen man einmal ein Denkmal errichten wird."* Er wurde als einer der Pioniere der Luftrettung in der Schweiz offenbar auch bekämpft.

Ich kann mich der Aussage von Dr. Dr. Werner Bredtfeld, der schon früher eine «Deutsche Rettungsflugwacht» gegründet hatte – wovon ich damals nichts wusste – nur anschließen und bestätigen, dass *„der Weg zum zivilen deutschen Luftrettungsdienst lang, schwer und dornenvoll ist"*.

Für mich war es eine sehr herausfordernde Zeit, und die Herausforderungen dauern bis heute an.

Es freut mich, dass aus meiner Idee von 1972 eine erfolgreiche Luftrettungs-Organisation geworden ist. Hunderttausende Menschen konnten gerettet werden, weil die Piloten, Ärzte, das Sanitätspersonal, das Management und die vielen Mitarbeiterinnen und Mitarbeiter der «DRF» seit 1972 tagtäglich vielen Menschen in der Not helfen. Ich sage also: Ja, es hat sich für die Menschen, die in Not geraten sind, gelohnt!

Einladung der «DRF» zum 50-Jahre-Jubiläums-Event 2023

Das Jahr 2023 hielt eine Überraschung für Ina v. Koenig bereit: Im Frühling nahm die Prokuristin der «DRF» Tanja Sommer Kontakt zu ihr auf, um sie persönlich zum VIP-Jubiläums-Event im Juni in Stuttgart einzuladen. Da über ihre tragende Rolle bei der Gründung der «DRF» jahrelang ein Mantel des Schweigens gebreitet war, kam diese Kontaktaufnahme für Ina v. Koenig doch etwas unerwartet.

Am 16. Mai erhielt sie eine VIP-Einladung vom Vorstand der «DRF Stiftung Luftrettung gemeinnützige AG» zum Jubiläums-Event am Dienstag, den 13. Juni 2023. Mit Freude sagte sie zu und nahm an diesem Event gerne teil.

Betreff: 50 Jahre DRF Luftrettung - Einladung zur Jubiläumsfeier am Dienstag, 13. Juni 2023.

Sehr geehrte Frau von Koenig,

*nach 50 Jahren Einsatzerfahrung sind wir, die DRF Luftrettung, in Deutschland und Europa eine der führenden Luftrettungsorganisationen und an 365 Tagen im Jahr stets für Menschen in medizinischen Notlagen im Einsatz. Dieses besondere Jubiläum möchten wir mit Ihnen feiern. Melden Sie sich jetzt an und tauchen Sie gemeinsam mit uns am **Dienstag, den 13. Juni 2023, ab 17:30 Uhr in den Stuttgarter Wagenhallen** in die Welt der Luftretter ein.*

*Es erwartet Sie ein spannender und unterhaltsamer Abend, bei dem wir das **Gestern** mit emotionalen Geschichten und Erzählungen Revue passieren lassen, im **Heute** die wichtige Arbeit der Luftretterinnen und Luftretter würdigen und einen Blick auf **morgen** in die zukünftigen Jahre der Luftrettung werfen. Freuen Sie sich auf interessante Gäste, bewegende Momente und viele weitere Highlights, die TV-Moderator Sven Voss präsentieren wird.*

Neben dem Bühnenprogramm können Sie zudem unsere "Welt der Luftretter" erleben, einen Blick in unseren Jubiläumshubschrauber werfen sowie mit unseren Luftretterinnen und Luftrettern ins Gespräch kommen. [...]

Wir freuen uns darauf, Sie am Dienstag, den 13. Juni 2023, bei unserem Empfang und dem anschließenden Programm willkommen zu heißen.

Quelle: Privatarchiv Ina v. Koenig

Jubiläumsfeier 50 Jahre «DRF Luftrettung» am 13.06.2023: Dr. Pracz mit Partnern vor Demo-Hubschrauber Typ H 145 Airbus

Initiatorin Ina v. Koenig mit ehem. Piloten und Mitarbeiter Wolfgang Zagel, Jubiläumsfeier 50 Jahre «DRF Luftrettung» am 13.06.2023

Fotos: Privatarchiv Ina v. Koenig

Initiatorin Ina v. Koenig mit Dr. Krystian Pracz, Jubiläumsfeier 50 Jahre «DRF Luftrettung» am 13.06.2023

Initiatorin Ina v. Koenig mit ehem. Piloten und Mitarbeiter Wolfgang Zagel, Jubiläumsfeier 50 Jahre «DRF Luftrettung» am 13.06.2023

Fotos: Privatarchiv Ina v. Koenig

INTERNATIONALES SYMPOSION

Möglichkeiten des Helikopters und Flugzeugs im Rettungswesen
The Role of Helicopters and Aeroplanes in Search and Rescue
Possibilités des hélicoptères et avions en matière de sauvetage
ВОЗМОЖНОСТИ ГЕЛИКОПТЕРА В СПАСАТЕЛЬНОМ ДЕЛЕ

3.–5. Oktober 1972
Universitätskliniken Mainz

Quelle: Privatarchiv Ina v. Koenig

Ina v. Koenig hielt folgende Vorträge für die Luftrettung

In Mainz 1972

INTERNATIONALES SYMPOSION
Möglichkeiten des Helikopters und Flugzeugs im Rettungswesen
3.-5. Oktober 1972
Universitätskliniken Mainz

Veranstalter:

Das Deutsche Rote Kreuz (Bonn)

Der Landesverband Rheinland-Pfalz des DRK (Mainz)

Die Johannes Gutenberg-Universität (Mainz)

Wissenschaftliche Leitung:

Prof. Dr. med. Friedrich Wilhelm Ahnefeld (Universität Ulm/Donau)

Prof. Dr. med. Martin Allgöwer (Universität Basel)

Prof. Dr. med. Bruno Haid (Universität Innsbruck)

Prof. Dr. med. Georg Hossli (Universität Zürich)

Diskussionsbeitrag zum Symposion

Ina v. Koenig, LTD Helicopters (Luft-Transport-Dienst) Stuttgart-Flughafen

Der Hubschrauber – Notfall – Rettungsdienst – eine Aufgabe für Luftfahrtunternehmen?

Verehrte Damen und Herren,

Mein Thema, welches ich vertreten möchte, ist als einziges im gesamten Programm des derzeitigen Internationalen Symposions mit einer Interpunktion versehen. Bedauerlicherweise noch mit einer falschen. Es hätte nämlich richtigerweise anstelle des Fragezeichens ein Ausrufezeichen stehen sollen:

„Der Hubschrauber-Notfall-Rettungsdienst – eine Aufgabe für Luftfahrt-unternehmen!"

Damit habe ich eigentlich das Wichtigste schon gesagt.

Wir sind nämlich der Meinung, dass das technisch-wissensmäßige Potential, das fliegerische Know-how, die unbürokratisch funktio-nierende Verwaltung von Luftfahrtunternehmen diese in erster Linie prädestiniert, einen optimal wirtschaftlichen Hubschrauberbetrieb zu gewährleisten.

Private Firmen, die dem Wettbewerb ausgesetzt sind, arbeiten wirt-schaftlicher als Behörden oder Körperschaften. Oder umgekehrt ausge-drückt: Staatliche Organisationen, öffentliche Körperschaften belasten die Geldgeber – die Steuerzahler, die Versicherungen, die Spender oder Gönner.

Einige leistungsfähige deutsche Hubschrauberunternehmen dagegen wären unseres Erachtens durchaus in der Lage, Rettungshubschrauber für den Rettungsdienst billigst zu operieren und ohne neuen Aufwand auch technisch bestens zu betreuen. Hierzu wären nur langfristige Ver-träge nötig, die von weitsichtigen Männern vorgesehen werden müssten, die ein ausreichendes Maß an persönlichem Mut für eine langfristige Vereinbarung besitzen.

Hochverehrte Anwesende, wenn ich mir als Frau – Mitglied des soge-nannten schwachen Geschlechts – vereinzeltes Exemplar hier im Kreise hochangesehener geachteter Männer erlaube, an Ihre Einsicht zu appellieren, dann möchte ich andererseits aber auch um Ihre Nachsicht bitten, keinen Stab über mich zu brechen, wenn meine Gedanken vielleicht nicht ganz konform mit Ihren seitherigen Überlegungen gehen.

Wir haben heute schon so viel Staat, so viel Obrigkeit, so viel öffentliche Körperschaft, so viel Verwaltung, dass es einem bang wird bei dem Ge-danken, nun auch noch den Notfallrettungsdienst mittels Hubschrauber in öffentlichen Händen zu sehen.

Der Wettbewerb war schon zu allen Zeiten geeignet, optimale Lösungen zu bringen und er würde ohne jeden Zweifel auch hier manche Steuer-millionen sparen helfen.

Spezialisten, wie wir sie in unseren Luftfahrtunternehmen haben, sind ohne Zweifel den Aufgaben, wie sie der immer unentbehrlicher werden-de Hubschrauber mit sich bringt, besser gewachsen als mancher Laie oder weniger Berufene, der sich die bei Luftfahrtunternehmen vorhandenen Einrichtungen und Erfahrungen erst für teures Geld – und hier meist mit öffentlichen Geldern – schaffen muss.

Wir meinen daher, dass die für das Bundesinnenministerium, den ADAC, die Feuerwehr, für sonstige Organisationen erforderlichen Notfallhubschrauber von Luftfahrtunternehmen operiert, oder besser vorgehalten und operiert werden müssten.

Ein Blick hinüber in die kleine Schweiz – in vielen Dingen ein nachahmungswertes Vorbild – zeigt uns einen entsprechenden Modellfall, der sich fast ausschließlich ziviler Luftfahrtunternehmen neben zivilen Flugzeughaltern bedient. Die gesamte Skala der Einsatzmöglichkeiten für alle Arten von Luftfahrzeugen im Rettungswesen von Primär- über Sekundär- und Organtransporten sowie Repatriierungsflügen ist mit einer solchen Lösung abgedeckt und die überregionale Planung und Organisation der fliegerischen Seite ist in einer Hand.

Ob wir nicht am besten beraten wären, wenn auch bei uns Rettungshubschrauber von zivilen Hubschrauberunternehmen eingesetzt würden?

Ina von Koenig   S.O.S.-Flugrettung e.V.

V o r t r a g

anläßlich der Vortragsveranstaltung der Deutschen Gesellschaft
für Hubschrauberverwendung und Luftrettungsdienst e.V. am 16.4.
1977 in der Beethovenhalle in Bonn

Einleitung

Als langjähriges Mitglied der Deutschen Gesellschaft für Hubschrauberverwendung und Luftrettungsdienst freue ich mich, Ihnen heute
die von mir gegründete S.O.S.-Flugrettung vorstellen zu dürfen.

Wie aus den Vorträgen meiner Herren Vorredner hervorging, besteht bei den militärisch geführten Rettungsdiensten ein hervorragendes Luftrettungsnetz. Uns allen ist bekannt, daß diese
ihre Leistungsfähigkeit mit oft dramatischen Einsätzen demonstriert
haben. Aber auch schon hier ergeben sich Gründe für eine engere
Zusammenarbeit mit den anderen maßgeblichen Luftrettungsorganisationen. Eindeutig ergibt sich im öffentlichen, zivilen Bereich
die Notwendigkeit, auch weiter gefasste Rettungssituationen, die
aus bestimmten einzusehenden Gründen von den erwähnten militärischen Rettungsdiensten nicht übernommen werden können, abzudecken.

Motivation

Die Mobilität unserer Wohlstandsgesellschaft führt infolge vermehrter privater und beruflicher Reisetätigkeit, auch unabhängig
von saisonalen Schwankungen, notfallähnliche Situationen herbei.
Diese können naturgemäß von den militärischen Rettungsdiensten gar
nicht oder kaum berücksichtigt werden.

Wenn laut Spiegel mehr als 3 Millionen Bundesbürger in diesem
Sommer in den Süden in den Urlaub allein fliegen und davon nur
ein geringer Prozentsatz verunglückt oder schwer erkrankt, ist
leicht einzusehen, daß hier der militärische Einsatz von Rettungsflugdiensten schon aus politischen Gründen vor Barrieren steht.

Quelle: Privatarchiv Ina v. Koenig

In Bonn 1977

Vortragsveranstaltung der Deutschen Gesellschaft für
Hubschrauberverwendung und Luftrettungsdienst e.V. am 16.4.1977 in
der Beethovenhalle in Bonn

Vortrag Ina v. Koenig, S.O.S.-Flugrettung e.V.

Einleitung

Als langjähriges Mitglied der Deutschen Gesellschaft für Hubschrauberverwendung und Luftrettungsdienst freue ich mich, Ihnen heute die von
mir gegründete S.O.S.-Flugrettung vorstellen zu dürfen.

Wie aus den Vorträgen meiner Herren Vorredner hervorging, besteht bei
den militärisch geführten Rettungsdiensten ein hervorragendes Luftrettungsnetz. Uns allen ist bekannt, dass diese ihre Leistungsfähigkeit
mit oft dramatischen Einsätzen demonstriert haben. Aber auch schon
hier ergeben sich Gründe für eine engere Zusammenarbeit mit den
anderen maßgeblichen Luftrettungsorganisationen. Eindeutig ergibt sich
im öffentlichen, zivilen Bereich die Notwendigkeit, auch weiter gefasste
Rettungssituationen, die aus bestimmten einzusehenden Gründen von
den erwähnten militärischen Rettungsdiensten nicht übernommen
werden können, abzudecken.

Motivation

Die Mobilität unserer Wohlstandsgesellschaft führt infolge vermehrter
privater und beruflicher Reisetätigkeit, auch unabhängig von saisonalen
Schwankungen, notfallähnliche Situationen herbei. Diese können naturgemäß von den militärischen Rettungsdiensten gar nicht oder kaum
berücksichtigt werden.

Wenn laut Spiegel mehr als 3 Millionen Bundesbürger in diesem Sommer
in den Süden in den Urlaub allein fliegen und davon nur ein geringer
Prozentsatz verunglückt oder schwer erkrankt, ist leicht einzusehen,
dass hier der militärische Einsatz von Rettungsflugdiensten schon aus
politischen Gründen vor Barrieren steht.

Gründung

Nun, meine Damen und Herren, werden Sie sich vielleicht die Frage stellen, warum ausgerechnet ich als Frau eine Flugrettungsorganisation gegründet habe. Dies will ich Ihnen gerne erklären:

Durch meine langjährige Tätigkeit in einem Lufttransportunternehmen, welches sich mit den verschiedensten Flugtransporten mit Hubschraubern beschäftigt, erhielt ich mein Know-how und sind mir auch vielfach Rettungssituationen begegnet, die mich relativ frühzeitig mit diesem Spezialsektor der Fliegerei in Berührung brachten.

Bereits vor nahezu 10 Jahren z. B. wurde unserem Unternehmen vom Generalsekretariat des Deutschen Roten Kreuzes in Bonn ein Auftrag erteilt, der Modelluntersuchungen von Hubschraubereinsätzen für die zivile Luftrettung zum Ziele hatte. Durch den positiven Verlauf des Testversuches war der Luftrettungsgedanke initiiert. Auch das Schweizer Vorbild vor Augen bestärkte mich damals eine ähnliche Organisation in Deutschland zu gründen, da es zum damaligen Zeitpunkt nichts Derartiges in Deutschland gab.

Namensgebung

Die weiteren Ausführungen sollen Ihnen nun die Organisation, den Einsatzbereich, die Ziele und den Aufbau der S.O.S.-Flugrettung vor Augen führen:

Die Namensgebung der S.O.S.-Flugrettung sollte für die Allgemeinheit und international verständlich, präzise und einprägsam sein. Umfragen bestätigen diese Meinung. Mit dem Begriff S.O.S.-Flugrettung wird unsere Zielsetzung optimal ausgedrückt.

Organisationsform

S.O.S.-Flugrettung ist als gemeinnütziger Verein im Vereinsregister eingetragen und arbeitet ohne jegliche Gewinnabsichten.

Förderersystem

Die Gründung des Vereins erfolgte 1975 auf der Basis eines Förderersystems. In Anlehnung an das Schweizerische Gönnersystem steht unseren Fördermitgliedern durch Zahlung eines geringen jährlichen

Mitgliedsbeitrages, der als Spende steuerlich absetzbar ist, die Einrichtung der S.O.S.-Flugrettung in einem medizinischen Notfall bis zu DM 10 000.-- kostenfrei zur Verfügung.

Selbstverständlich steht unser Rettungsdienst auch der Allgemeinheit auf Anforderung und bei medizinischer Indikation zur Verfügung.

Öffentlichkeitsarbeit

Der Kontakt zu Förderern wird durch persönlich getragene Werbung realisiert. Der Bekanntheitsgrad wird aber auch durch die Berichterstattung in der Presse über spektakuläre Einsätze erhöht, obwohl dies nicht immer im Sinne des humanitären Gedankens sein kann.

Finanzierung

In der Regel werden im Inland die Kosten für Verlegungsflüge von den Sozialversicherungsträgern erstattet, sofern die medizinische Notwendigkeit vorliegt und vom Arzt der Flug verordnet wird. Verlegungsflüge aus dem Ausland müssen vorab mit dem Versicherungsträger geklärt werden. Diese Frage versucht unsere Organisation für den Betroffenen gleichzeitig mit der Einsatzplanung abzuklären.

Wenn es um ein Menschenleben geht und die Kostenfrage nicht vor dem Einsatz abgeklärt werden kann, verfahren wir unbürokratisch und helfen.

Versicherungen

Selbstverständlich unterliegt die Beförderung der im Rettungsflugzeug befindlichen Personen der allgemeinen Versicherung im Luftverkehr und wird zusätzlich durch die S.O.S. besonders abgesichert.

Dies trifft sowohl für den oder die Patienten, den begleitenden Arzt und das medizinische Personal sowie für etwaige Begleitpersonen zu.

Alarmzentrale

Die S.O.S.-Flugrettung unterhält eine eigene Alarmzentrale, die rund um die Uhr unter der Telefon-Nummer 0711/70 55 55 erreichbar ist. Dies selbstverständlich auch an Feiertagen. Zusätzlich besteht eine Telexleitung für Alarmrufe aus dem In- und Ausland.

<u>Fluggerätekapazität</u>

Für die heutigen Erfordernisse steht uns ein ausreichendes, geeignetes, standortgünstiges, d. h. einsatzoptimales Potential von Rettungshubschraubern, Ambulanzflugzeugen mit Druckkabinen und Notarzt-Jets mit medizinischer Ausrüstung auf Abruf zur Verfügung.

<u>Einsatzsektor</u>

Unsere Organisation befasst sich vornehmlich mit Sekundäreinsätzen.

Obwohl ich hier voraussetzen darf, dass die Begriffe bei allen Anwesenden bekannt sind, möchte ich doch kurz auf den Begriff „Primär- und Sekundäreinsatz" eingehen:

Unter <u>Primäreinsätzen</u> verstehen wir im allgemeinen Transporte vom Unfallgeschehen zum nächsten, zuständigen Krankenhaus.

Unter <u>Sekundäreinsätzen</u> verstehen wir dagegen Verlegungen von einem Krankenhaus in ein anderes, meist in eine Spezialklinik.

Bei den Sekundärflügen unterscheiden wir des weiteren unter <u>dringlichen</u> und <u>nicht dringlichen</u> Sekundäreinsätzen.

Im Sinn der Flugrettung werden auch Eiltransporte von Organen, Blutkonserven, medizinischen Spezialgeräten und Medikamenten vorgenommen.

Auf Anforderung von Regierungsstellen stehen wir auch für Katastrophenfälle zur Verfügung.

<u>Argumente für den Flugtransport</u>

Für Verlegungsflüge vornehmlich aus dem Ausland, sogenannte Repatriierungsflüge gibt es nach Dr. Bühler der Schweizerischen Rettungsflugwacht drei Aspekte:

<u>1. der psychologische Aspekt</u>

Die fremde Auslands- und Krankenhausatmosphäre, getrennt von der Familie, Sprachschwierigkeiten und dergleichen mehr.

<u>2. der medizinische Aspekt</u>

Die oft lebensrettende Überführung in ein spezialisiertes Zentrum in der Nähe des Heimatortes, z. B. bei schweren Verbrennungen, Tropenkrankheiten, usw.

3. der volkswirtschaftliche Aspekt

Hochqualifizierte Berufstätige oder Firmeninhaber können im Heimatkrankenhaus im engen Kontakt zur Firma bleiben und vom Krankenhausbett ihre Leitungsfunktionen ausüben.

In der Regel sind alle drei Gründe miteinander verflochten.

Abgrenzungskriterien

Hier ergibt sich auch die Frage, wie die medizinische Notwendigkeit definiert und damit eindeutig abgegrenzt werden kann.

Die medizinische Notwendigkeit wird z. B. in den Grundsätzen zur Verbesserung des Rettungswesens gemäß Bundesdrucksache 7/3815 ausführlich erläutert, unter maßgeblicher Leitung des Professor Ahnefeld. Danach wird die medizinische Notwendigkeit auf Notfallpatienten bezogen, die unter Aufrechterhaltung der Transportfähigkeit und Vermeidung weiterer Schäden in ein geeignetes Krankenhaus zu verbringen sind.

Notfallpatienten sind Personen, die sich infolge von Verletzungen, Krankheit oder sonstiger Umstände in Lebensgefahr befinden oder deren Gesundheitszustand in kurzer Zeit eine Verschlechterung befürchten lässt, sofern nicht unverzüglich medizinische Hilfe eingreift.

Die Abgrenzung kann sicherlich in einigen Fällen, vor allem im Ausland zu Schwierigkeiten Anlass geben, wird aber im Sinne unserer lebensrettenden Zielsetzung zum Wohle des Patienten ausgelegt.

Rettungskette

Es versteht sich von selbst, dass sich unser Rettungsdienst nicht nur ausschließlich auf die eigentliche Flugüberführung und medizinische Betreuung in der Luft beschränkt, sondern umfassend vom Krankenbett bis zur Einlieferung in das Heimat- bzw. Spezialkrankenhaus ausgeübt wird.

Krisenstab der S.O.S.-Flugrettung

In diesem Zusammenhang muss auch auf die außerordentliche Koordination aller zur Rettung notwendigen Maßnahmen hingewiesen werden, die in der Regel über Telefon und Telex mit den verschiedensten Ministerien oder Regierungen, Behörden, Organisationen, Ärzten, Krankenhäusern, Rettungsdiensten, Angehörigen, Versicherungen, Krankenkassen, Zoll, Flugsicherung, Flughäfen usw. hergestellt wird, zu ungewöhnlichen, oft außerhalb des Dienstes liegenden Zeiten.

Diese unbürokratische Art der Kontaktierung ist eben nur durch eine solche bewegliche Organisation optimal möglich.

Medizinisch-technische Ausrüstung

Die medizinisch-technische Ausrüstung der von uns eingesetzten Flugzeuge entspricht der eines Notarztwagens und außerdem den neuen Richtlinien des Bundesministers für Jugend, Gesundheit und Familie.

Flying Doctors System

S.O.S. hat mit solchen Ärzten Verträge abgeschlossen, deren Kenntnisse die optimale medizinische Versorgung im Einsatzfalle jederzeit nach bestem Wissen und Gewissen garantieren. Dieser ärztliche und medizinische Begleitstab wird von S.O.S. für diese spezielle Aufgabe und den spezifischen Erfordernissen auf dem neuesten Stand gehalten.

Das besondere Interesse der deutschen Ärzteschaft an unserer Organisation kam auch beim diesjährigen internationalen Ärztekongress in Davos zum Ausdruck, wo wir Gelegenheit hatten, unsere Einrichtung und einen unserer Rettungshubschrauber vorzuführen.

Einsatzbeispiele

Wenn auch von meinen Herren Vorrednern, den militärischen Experten, schon dramatische Einsätze genannt wurden, mag es Sie doch interessieren, welche Situationen sich im zivilen Flugrettungsdienst der S.O.S. ergeben und ihren Einsatz erforderten.

Es kommt mir hierbei nicht darauf an, mit einer Vielzahl von Fällen in Wettbewerb zu anderen ähnlichen Rettungsdiensten zu treten, sondern einen kleinen Ausschnitt aus unserer technischen, organisatorischen und medizinischen Leistungsfähigkeit zu erbringen:

1. Eine dankbare Angehörige eines Patienten schrieb uns einmal: „Ich habe nicht gewusst, dass es so etwas gibt." Sie meinte damit unsere

unbürokratische Hilfe. Ihr Schwager wurde in Spanien von einem Auto angefahren und lag bewusstlos mit multiplen Frakturen, einer Gehirnkontusion und einer Schädelbasisfraktur in einem spanischen Krankenhaus. Wir handelten nach Rücksprache mit dem Arzt sofort und holten den Patienten noch in der gleichen Nacht nach Stuttgart. Dieser Einsatz war lebensrettend.

2. Ein anderer Fall war z. B. eine Rückholung aus Polen. Der Patient sagte bei der Ankunft in München-Riem zu seinen Angehörigen nur: „Ich bin sprachlos." Er meinte damit die Schnelligkeit, mit welcher wir ihn aus Polen herausgeholt haben. Ein Anruf bei seiner Reisegesellschaft ergab, dass eine Überführung von Polen nach München mind. 14 Tage Vorbereitung bedarf. Daraufhin rief uns seine Firma an und wir organisierten diesen schwierigen Einsatz aus dem Ostblock innerhalb eines Tages.

Zusammenfassung

Meine Damen und Herren, ich hoffe, dass Ihnen mein kurzes Referat die Zielsetzung, das Aufgabenspektrum und die Leistungsfähigkeit der S.O.S.-Flugrettung stichwortartig aufzeigen konnte.

Es kommt mir aber auch darauf an, allen Beteiligten aufzuzeigen, dass hier ein öffentliches Interesse für die Tätigkeit ziviler Luftrettungsdienste vorliegt und nur in der Zusammenarbeit aller Beteiligten Luftrettungsdienst geleistet werden kann.

Insbesondere möchte ich dem Veranstalter, dem hochverehrten Generalmajor Hampe meinen herzlichen Dank sagen für die Möglichkeit, vor diesem Forum unseren Flugrettungsdienst darstellen zu können.

Ich hoffe, auch wir konnten ein wenig dazu beitragen, Ihrem Leitmotiv für diese Veranstaltung entsprechend, „der deutsche Luftrettungsdienst wird in der ganzen Welt als vorbildlich angesehen", unter Beweis zu stellen.

S.O.S.-Air-Rescue   Cairo, February 7th, 1977
Ina von Koenig:

S.O.S. Air Rescue in the Service of Emergency Patients

The transport of emergency patients (persons with multiple
injuries, seriously injured persons, medical and psychiatric
emergency cases) is divided basically into two different
categories:

1. Primary Transport

   covers all types of transport from the scene of an
   accident into the hospital responsible for the medical
   treatment of the most serious injury. In such cases it
   is necessary above all to provide for the transportability
   of the injured or sick person prior to loading. Primary
   importance is attached to the initiation of life-saving
   first aid measures for maintaining respiration and
   circulation - be it by means of artificial respiration,
   external heart massage, staunching of bleeding or by
   the application of an infusion - then the fixation of
   fractures of all types and correct positioning.

2. Secondary Transport

   covers all types of transport from smaller hospitals or
   from a doctor's practice to a medical centre. Whereas
   virtually only air transport vehicles - primarily
   helicopters - without pressure cabins are used for
   primary transport, secondary transport is today principally
   effected only using air transport vehicles which are
   equipped with pressure cabins. For such purposes, S.O.S.
   Air Rescue uses predominantly CESSNAS 414 and 421 as well
   as Lear Jets for covering greater distances. Since none
   of these air transport vehicles were designed as ambulance

Quelle: Privatarchiv Ina v. Koenig

In Cairo 1977

Ina v. Koenig, S.O.S.-Air-Rescue
Cairo, February 7th, 1977

S.O.S. Air Rescue in the Service of Emergency Patients

The transport of emergency patients (persons with multiple injuries, seriously injured persons, medical and psychiatric emergency cases) is divided basically into two different categories:

1. Primary Transport

   covers all types of transport from the scene of an accident into the hospital responsible for the medical treatment of the most serious injury. In such cases it is necessary above all to provide for the transportability of the injured or sick person prior to loading. Primary importance is attached to the initiation of life-saving first aid measures for maintaining respiration and circulation – be it by means of artificial respiration, external heart massage, staunching of bleeding or by the application of an infusion – then the fixation of fractures of all types and correct positioning.

2. Secondary Transport

   covers all types of transport from smaller hospitals or from a doctor's practice to a medical centre. Whereas virtually only air transport vehicles – primarily helicopters – without pressure cabins are used for primary transport, secondary transport is today principally effected only using air transport vehicles which are equipped with pressure cabins. For such purposes, S.O.S. Air Rescue uses predominantly CESSNAS 414 and 421 as well as Lear Jets for covering greater distances. Since none of these air transport vehicles were designed as ambulance planes by the manufacturers, the medical transport material has to be specially adapted to these air transport vehicles. The constant perfecting and supplementation of this material with the latest products on offer in this field enables S.O.S. Air Rescue nowadays to deliver even patients with the most serious injuries into the nearest medical centre immediately after the accident. This can be done either within Germany or on take-you-home flights (so-called repatriation flights) from abroad (this includes the whole of Europe, the Near East, North Africa, political circumstances permitting, and the Canary Islands) back to the Federal Republic of Germany.

As a non-profit making organization, S.O.S. Air Rescue enjoys the advantage of being allowed to use virtually all civil and military airfields as well as flying over prohibited areas.

There are 3 important reasons for repatriating persons who become sick or have an accident abroad:

a) Psychological:

The patients who usually do not speak the native language find themselves in a hospital atmosphere which is totally strange to them and often cannot converse either with the hospital personnel or the doctors in charge.

b) Medical:

If success is achieved in repatriating the seriously injured persons before their operation and delivering them into a medical centre in their own country, this can lead in most cases to a 6 – 12 month reduction in healing time. Patients who have been poorly handled from a surgical point of view must often undergo repeat operations in their own country, which may prolong the time required for healing by up to one year.

c) Economic:

Every employed person who travels abroad takes knowledge with him which his employer misses if he does not return to his place of work after the trip. If the person concerned is delivered into a hospital abroad, the communication of this urgently required knowledge is usually connected with great difficulties because only very few foreign hospitals have telephone connections on the floor, not to mention the bed, of the patient. If, however, the patient is in a hospital in his own country, he can be visited and reached by telephone. Maintained contact is thus guaranteed.

Seriously injured persons and those with multiple injuries are bedded from the hospital bed onto the vacuum mattress or aeroplane stretcher carried by S.O.S. Air Rescue. As a rule, this takes place in the despatching hospital using the lamella-type or shovel-type stretcher. The vacuum mattress replaces the transport plaster and its good fixation properties prevent any displacement of fractures. Thanks to this method it is possible to repatriate even patients with recent and very recent vertebral fractures without any danger of a transverse lesion on the day of the accident or following day.

Patients with a cardiac infarct are always transported using an electrocardioscope as well as with oxygen insufflation. In such cases, the procedure is as follows: the ambulance plane takes off in Germany on the evening before, if possible, so that the patient can be visited on the same evening in hospital and can be connected to the electrocardioscope. This permits the accompanying doctor to obtain an early picture of the type and degree of the injuries. In addition, on the evening before, the patient is already certain in the knowledge that he is being cared for, and on the following morning he is usually calm and well prepared for transport. Of course, he is monitored during the entire flight by means of the electrocardioscope. The heart sounds can be made audible by means of a separate adjustment so that any occurring arrhythmia can be recognized immediately.

A precise flight assistant report is made on each patient. This means that every 15 minutes notes are made on the blood pressure, the pulse and breathing frequencies, general condition, administration of medicines, additional insufflation of oxygen and the type and quantity of an infusion. At the place of destination, a copy of this flight assistant report is submitted to the doctor or – in case the patient is transferred into hospital by ambulance after landing – to the ambulance crew so that they can transmit it to the doctor in charge.

In most cases, all the precautionary measures mean that the general condition of the patient on landing in his own country is better than it was in the despatching hospital.

The psychological factor plays a quite considerable role in this. On each transfer or repatriation flight, medical equipment (rescue set) is carried which, apart from the woollen blanket, also includes paper linen and rubber underlay, inflatable pillows, ten plastic sputum bowls, 10 airsickness bags, all necessary medicines and syringes, a refreshment bottle, bedpan and urine bottle. Depending on the type of injury – for example in the case of heart patients – the equipment includes an insufflation bag, oxygen, an ambulance unit with suction pump as well as in the case of emergency, tetanus or polio patients, an intubation set and a tracheotomy set.

Each flight must be accompanied by a doctor and a well trained flight assistant who is familiar with the S.O.S. flight material. If a doctor is also present who does not have the relevant specific knowledge, then the flight must be accompanied by a rescue worker who has precise knowledge of the material as well as the special techniques of loading and unloading patients.

The reanimation of the circulation includes – apart from pulse measurement – the assessment of the general condition, the oscillometric measurement of the blood pressure, knowledge of external heart massage and all on-board circulation-supporting medicines and their intramuscular or intravenous injection as well as the maintenance of an infusion, which, due to possible decompression, may possibly lead to considerable difficulties. Of course, the rescue worker must be acquainted with all the technical equipment of the air transport vehicle and he must also know how to make radio contact with a specialist concerning first aid measures in the event of possibly occurring emergency situations.

Every repatriation flight must be prepared down to the most minute detail. First of all, contact is made with the doctor in charge in the foreign hospital.

S.O.S. Air Rescue has concluded contracts with a large number of doctors who have undertaken to accompany flights and who advise us in our preparations for a flight.

Usually, it is not only a question of clarifying the transportability of the patient, which, as a rule, is denied a priori by the foreign doctors, be this out of economic considerations or out of ignorance with regard to the highly specialized equipment available to S.O.S. Air Rescue. The person contacting the doctor in charge has the task of convincing him that more or less any patient who can be transported in any manner at all – even if only in a hospital ambulance – can also be safely transported in an air transport vehicle which has a pressure cabin. Dealings with airfields are facilitated by documents compiled over years of painstaking work covering each and every airfield in the vicinity of hospitals in Europe, with information on the position, length, direction and state of the runway as well as information on the available installations, telephone and telex numbers.

Direct or bilateral negotiations mean that in most countries even airfields without customs posts may be used for landing. This makes it possible to fetch the patients even from places where there is no customs post and to transport them directly to Germany or to other European countries.

Repatriation flights can pose quite special navigational problems. It is a question here of "off-airway navigation", i.e. one uses – as long as this is possible – the air routes laid down in international air traffic and marked by means of radio beacons as far as the radio beacon from which then the destination must be approached by ground navigation. It goes without saying that such flights can, for this reason – since the last part was a "VFR" flight (i.e. a flight according to visual flight conditions) – can only be made during daytime and with relatively good visibility, in contrast to 100 % "IFR" flights (i.e. flights relying on instruments) which can be made both day and night in any weather to any airfield served by passenger airlines.

Various European countries still have special legislation according to which persons may not be picked up by an air transport vehicle unless they entered the country in question by means of this plane. In such cases, the necessary permission must be obtained by telex from the relevant ministries prior to flight commencement.

Foundation

S.O.S. Air Rescue was founded in Munich in 1975. The initiator and founder was Mrs. Ina v. Koenig. This private association is non-profit making and is recognized as being particularly deserving of promotion.

Activities cover:

— Transfer flights for emergency patients (e.g. patients with multiple injuries, patients with a cardiac infarct, cranial injuries, burns, tetanus, premature births) from small hospitals to larger medical centres;

- Repatriation flights from abroad for persons who have had an accident and those who are acutely ill;
- Disaster aid at home and abroad;
- Transport of medical specialists, rescue workers and material;
- Transport for the transplant surgery association (organs, donors, recipients, stored blood).

<u>Alarm Centre</u>

S.O.S. Air Rescue maintains a 24 hour alarm and operations centre. From here, rescue operations can be immediately initiated at any time and can be coordinated with other institutions who may also be possibly involved.

<u>Air Transport Ambulances</u>

At present S.O.S. Air Rescue has the following means of transport at its disposal:

<u>Ambulance Planes</u>	Twin-engined	e.g.	CESSNA 414 or 421
			PIPER
	Twin-jet	e.g.	Lear Jet 24, 25, 36
			Falcon 20 Mystère
<u>Helicopters</u>			Alouette 3
			Bo 105

Charter contracts exist with numerous plane operators, thus ensuring the immediate availability of the appropriate planes and helicopters when necessary.

<u>Examples of Operation</u>

Since the founding of S.O.S. over 150 operation flights have been made and 169 persons have been rescued or transported. These involved almost exclusively secondary transport from abroad (outside the Federal Republic of Germany). The greatest transport distance covered to date is 6500 km from Nairobi to Nuremberg.

In the case of long intercontinental transport operations, S.O.S. undertakes the organization using commercial airlines and the medical care of the patients.

Minimum Requirements made of the Ambulance Planes

All medical measures which are initiated pre-flight, such as infusion, circulation supervision, respiration etc., must be able to be properly continued during the flight. This gives rise to minimum transport-medical requirements which have to be met by the ambulance planes. Thus, among other things, the size of the hatch-door for recumbent loading, adequate ventilation and heating systems, an on-board communication system (Interphon) together with medical equipment are of decisive importance in determining whether air transport vehicles can be used for the transport of patients.

Unfortunately, we notice time and time again that in some places these conditions are unfortunately not yet fulfilled.

Important Data on the Lear Jet 24 D (Emergency Plane) (Lear 35)

Hatch-door width: 0.91 m

Range: 2000 km incl. flight to alternative airfield and 45 min. reserve (3700 - 4000 km)

Cruising speed: approx. 420 knots = Mach 0.82 = approx 780 km/hr

Approach speed: 130 knots = 240 km/hr

Cruising altitude: 45 000 feet = 13 700 m

Pressure cabin: differential pressure 8.9 psi

Normal cabin pressure altitude when cruising: 2000 m above sea level. The pressure altitude of Frankfurt can be maintained up to 30 000 feet = 19 150 m.

Crew: pilot and co-pilot; in the case of ambulance flights also doctor and rescue worker

Medical equipment: approximately equivalent to a medical intensive care or observation unit at a university clinic.

VORTRAG

am 6.4.78 im Parkhotel Stuttgart

Bund Junger Unternehmer

Neu-Mitglieder des BJU stellen sich vor

Ich bin kein großer Redner, dafür aber ein kleiner
Reeder, nämlich ein Luft-Reeder und last not Least
ein Luftretter.

Ich bin Gründerin und seit 12 Jahren geschäftsführende
Gesellschafterin der Fa. LTD-Helicopters. Unsere Hauptbasis haben wir am Flughafen Stuttgart und unsere Büros
in Bernhausen. Unsere Gesellschaft verfügt über 7 moderne
Turbinen-Hubschrauber und beschäftigt zur Zeit caa
1o Piloten und 1o Mechaniker. Wir operieren natürlich
hier in Stuttgart, außerdem haben wir eine Außenstelle
in Emden sowie in Kairo und eine 2.Basis in RasGharib
am Golf von Suez.

Sie werden vielleicht fragen, wie kommt eine Frau zu
einem solchen technischen Männerbetrieb. Zunächst bin
ich etwas erblich belastet. Mein Vater war während des
Krieges ein exponierter Mann der deutschen Luftfahrtindustrie. Meine eigene erste Begegnung mit dem Hubschrauber hing mit dem Skifahren in Frankreich zusammen.
Dort gab es einen Hubschrauber, der Skifahrer auf die
Berge brachte und mich auf den Gedanken. Schon bei meinem
ersten Flug hat sich für mich der alte Spruch bewahrheitet:

> Fliegen ist wie ein Roulette, man kommt nicht
> mehr davon los.

Quelle: Privatarchiv Ina v. Koenig

86

In Stuttgart 1978

Veranstaltung des Bundes Junger Unternehmer
06.04.1978 in im Parkhotel Stuttgart

Neu-Mitglieder des BJU stellen sich vor

Vortrag Ina v. Koenig, S.O.S.-Flugrettung e.V.

Ich bin kein großer <u>Redner</u>, dafür aber ein <u>kleiner Reeder</u>, nämlich ein <u>Luft-Reeder</u> und last not Least ein <u>Luftretter.</u>

Ich bin Gründerin und seit 12 Jahren geschäftsführende Gesellschafterin der Fa. «LTD Helicopters». Unsere Hauptbasis haben wir am Flughafen Stuttgart und unsere Büros in Bernhausen. Unsere Gesellschaft verfügt über 7 moderne Turbinen-Hubschrauber und beschäftigt zur Zeit ca. 10 Piloten und 10 Mechaniker. Wir operieren natürlich hier in Stuttgart, außerdem haben wir eine <u>Außenstelle</u>, in <u>Emden</u> sowie in <u>Kairo</u> und eine 2. Basis in <u>Ras Gharib am Golf von Suez.</u>

Sie werden vielleicht fragen, <u>wie kommt eine Frau zu einem solchen technischen Männerbetrieb.</u> Zunächst bin ich etwas erblich belastet. Mein Vater war während des Krieges ein exponierter Mann der deutschen Luftfahrtindustrie. Meine eigene erste Begegnung mit dem Hubschrauber hing mit dem Skifahren in Frankreich zusammen. Dort gab es einen Hubschrauber, der Skifahrer auf die Berge brachte und mich auf den Gedanken. Schon bei meinem ersten Flug hat sich für mich der alte Spruch bewahrheitet:

Fliegen ist wie ein Roulette, man kommt nicht mehr davon los.

Als mich der Hubschrauber zum ersten Mal auf den Berg gebracht hatte, habe ich mindestens geschwankt, ob ich nicht lieber mit dem Hubschrauber zurückfliegen möchte. Ich bin zwar mit den Skiern abgefahren, aber sofort mit dem Hubschrauber wieder hinauf.

Wenn es jemand von Ihnen einmal versuchen will, ich gebe Ihnen nachher unsere Telefonnummer. Aber damit greife ich vor.

Nach meinen Erfahrungen in den französischen Alpen habe ich mich zunächst aus allgemeinem Interesse in Deutschland umgesehen, <u>wo es</u>

Hubschrauber gibt und wie diese organisiert sind, welche Umsätze gemacht werden und habe dann Vergleiche zum Ausland gezogen. Dabei habe ich festgestellt, dass wir in dieser Hinsicht ein ausgesprochenes Entwicklungsland sind und ich begann also mit der Entwicklungshilfe im eigenen Lande, und zwar zunächst als Maklerin.

Ich bin sicher die einzige Luftfahrtunternehmerin, die ohne eigenes Fluggerät und ohne eigenes Flugpersonal eine Konzession für ein Luftfahrtunternehmen ohne zeitliche Limitierung erhalten hat. Das Flugzeug kam dann aber kurz danach, 1969, eine 5-sitzige Alouette II. Wir hatten uns damals für ein französisches Modell entschlossen. Alle anderen Unternehmer setzten und setzen auf die amerikanische Bell. Uns lag der europäische Partner näher und ich kann nur sagen, wir sind gut damit geflogen.

Heute fliegen wir mit

2 Alouette II
1 Gazelle
4 Alouette 3

Daneben chartern und verchartern wir 2 weitere Typen des französischen Herstellers Aerospatiale, außerdem amerikanische Typen wie Sikorski, S 58 T und mit besonderem Stolz die einzige deutsche 2-turbinige BO 105 der Fa. Messerschmitt-Bölkow-Blohm, die wir während der Flughafenschließung exklusiv für VIP's on Top eines amerikanischen Konzern in Stuttgart eingesetzt haben.

Natürlich fliegen wir auch sonst gelegentlich kleinere und größere VIP's. Solche, die sich dafür halten, und solche, die von anderen dafür gehalten werden möchten. Für uns ist selbstverständlich jeder Kunde ein VIP. Zum Beispiel flogen mit uns der Fiat-Boss Giovanni Agnelli, die Flicks, erst kürzlich der brasilianische Präsident Ernesto Geisel.

Von den einheimischen Größen flogen wir Ministerpräsident Filbinger, Helmut Kohl, aber auch Spitzen der SPD und FDP, Generaldirektor Merkle von der Fa. Bosch und manchmal Gäste von Daimler-Benz.

In der Anfangszeit hatten wir einen ausgesprochenen Boom in Filmaufnahmen, weil wir damals die einzigen in Deutschland waren, die eine geeignete Maschine und eine dafür notwendige kardanische Kameraaufhängung zur Verfügung stellen konnten.

Für das Fernsehen haben wir zuletzt bei den alpinen Skiweltmeister-schaften in Garmisch Partenkirchen Personal und vor allem Geräte an unzugängliche Stellen transportiert.

Unser wirtschaftliches Rückgrat aber sind Einsätze für fast alle EVU's (Energieversorgungsunternehmen) in Deutschland, nachdem wir diese Unternehmen durch Seminare und Vorführungen davon überzeugen konnten, dass sich die Hochspannungsleitungen vom Hubschrauber aus nicht nur schneller sondern auch gründlicher kontrollieren lassen als vom Boden und damit im Endeffekt erheblich billiger. Für eine wirksame Kontrolle musste man früher die Leitungen abgehen, die Masten besteigen und die Kontrolleure kontrollieren, ob sie nicht im nächsten Wirtshaus sitzen.

Im allgemeinen fliegt ein Pilot bei dieser Aufgabe pro Tag 3 x 2 Stunden mit je zwei Beobachtern an Bord, die sich beim Beobachten abwechseln, weil nur so eine wirksame Kontrolle gewährleistet ist.

Auf diesem Wege kontrollieren wir an einem Tag je nach Spannungs-ebene ca. 180 - 270 km Leitung mit 540 - 810 Masten (bei Mittelspannung sogar bis zu 2.000 Masten). Für dieselbe Aufgabe hatte man früher (bei einer mittleren Tages- und Mannleistung von 6 km) 30 - 45 Arbeitstage gebraucht.

Weil der Mensch nicht nur ein Rückgrat braucht, sondern auch Beine, auf denen er stehen kann, sind wir gleich mit zwei Beinen mitten in das Öl gestiegen. Mit einem Bein in die Nord/Ostsee, das andere in Ägypten. Übrigens auch dort in Zusammenarbeit mit einer deutschen Erdölgesell-schaft, daneben für andere. Wir versorgen die Bohrinseln mit all dem, was schnell transportiert werden muss, also Menschen, Experten, kleinere Geräte, die größeren überlassen wir den Versorgungsschiffen.

Apropos Schiffe, kürzlich haben wir am Suez-Kanal auch der Kanal-behörde den Lotsen-Versatz per Hubschrauber vorgeführt. Die Vorteile liegen auf der Hand. Für eine Strecke, die der Hubschrauber in wenigen Minuten zurücklegt, braucht ein Lotsenboot eine halbe oder eine ganze Stunde.

Der Hubschrauber ist zwar etwas vom Wind, aber dafür gar nicht von den Wellen abhängig. Das Absetzen und Aufnehmen des Lotsen ist prak-tisch bei jedem Wetter möglich. Vor allem dann, wenn Hubschrauber und Schiffe die notwendigen Einrichtungen für den Blindflug haben. Aber das alles ist sicher nur noch eine Frage der Zeit. Die Gegenwart ist leider viel zu häufig, dass wir bei Unfällen auf Bohrinseln Rettungsflüge auch mitten in der Nacht und ohne jede äußeren Navigationsmittel durchführen müssen und damit bin ich eigentlich bei dem Thema, welches mir am meisten am Herzen liegt: die Luftrettung.

1968 erhielt ich einen Auftrag des Deutschen Roten Kreuzes, die im Auftrag des Bundesverkehrsministers einen Test durchführten und herausfinden sollten: „Was bringt ein Hubschrauber im Rettungswesen." Seit dieser Zeit beschäftige ich mich ohne Unterbrechung mit der Luftrettung. Obwohl ich zunächst von der Gründung eines Vereins nicht sehr viel gehalten habe, kam ich doch immer mehr zu der Überzeugung, dass ich eine private Initiative analog dem Muster der Schweizerischen Rettungsflugwacht in Deutschland ergreifen muss.

Obwohl mir meine Mitarbeiter, das Deutsche Rote Kreuz, das Bundesverkehrsministerium alle abrieten, einen ähnlichen Verein zu gründen – die Herren waren der Meinung, wir hätten nicht die Berge und damit auch nicht die Notwendigkeit der Luftrettung – gründete ich am 6. September 1972 die in Stuttgart ansässige Deutsche Rettungsflugwacht. Leider musste ich nach kurzer Zeit erkennen, dass ich mir die falschen Partner ausgesucht hatte, es waren dies unter anderem Herr Siegfried Steiger. Ich trat aus dem Verein wieder aus und gründete die S.O.S.-Flugrettung.

Mein Ziel ist dabei, Menschen, die in Not geraten sind, zu helfen und zwar unter Einsatz von Luftfahrzeugen. Ich wollte nicht einen engen, begrenzten Teil von Luftfahrzeugen, nämlich unsere Hubschrauber, einsetzen, sondern im jeweiligen Notfall die beste, geeignetste, nächstgelegenste Maschine zum Einsatz bringen. Um es auf einen einfachen, kurzen Nenner zu bringen, wir verlegen Notfallpatienten, z. B. von einem kleinen Krankenhaus in eine Spezialklinik oder vom Ausland zurück in die Heimat. Diese notwendigen Verlegungsflüge schließen bei der in die Millionen reichenden Zahl der Touristen und Geschäftsreisenden eine bestehende Lücke in der Krankenversorgung.

Die Hilfe per Flugzeug ist teuer. Die Krankenkassen übernehmen die Kosten nicht. Der Schwarze Peter bleibt beim Patienten. Es erscheint daher als ausgesprochener Leichtsinn bei einem Auslandsaufenthalt keine Garantie für eine medizinische Hilfe für die Rückholung im Krankheitsfall zu haben.

Die S.O.S.-Flugrettung ist ein gemeinnützig anerkannter Verein, den ich in meiner Freizeit ehrenamtlich führe. Die Finanzierung des Vereins geschieht ausschließlich durch Spenden und Fördermitgliedschaften. Jeder Förderer unseres Vereins, der mind. DM 30.-- pro Person und Jahr oder DM 60.-- pro Familie und Jahr an uns spendet (von der Steuer absetzbar), stützt eine neuzeitliche humanitäre Einrichtung und hat im Notfall Vorteile, da wir Fördermitglieder kostenlos bis zu DM 10 000.-- begrenzt, im medizinischen Notfall in eine geeignete Klinik fliegen.

Ich würde mich sehr freuen, wenn Sie meine Arbeit, die ich für die Allgemeinheit leiste, vielleicht in Form einer Fördermitgliedschaft unterstützen wollten. Sie sind als Unternehmer alle laufend unterwegs und keiner ist sicher, dass er die S.O.S. nicht braucht. Ich habe mir erlaubt, Informationsmaterial und Aufnahme-Anträge mitzubringen.

Und nun würde ich Ihnen gerne noch ein paar Dias zeigen, um Sie ein wenig mehr mit der Welt des Hubschraubers vertraut zu machen.

4/1978

Air rescue service now also for Berlin!

Introduction

Rescue helicopters are in use in 22 centres throughout
the Federal Republic of Germany but this modern supplement
to the ground rescue services has so far been completely
lacking in Berlin although the first 8 - 10 minutes are
normally decisive for the chances of survival in the
event of a serious injury or illness (e.g. heart attack).
FRG statistics further reveal that 59 % of people
severely injured in accidents die within 30 minutes of
the emergency occurring if they do not receive immediate
medical aid.

A rescue helicopter (abbreviated in the following to RH)
also permits immediate, comfortable transport to the
nearest special clinic.

5 ambulances equipped with operating facilities (in
comparison to Munich which has 33) are already stationed
in West Berlin, but these vehicles run the risk of
getting stuck in traffic jams in particularly urgent
cases during the rush hour for example at weekends or
in commuter traffic. These are then occasions where
the more rapid, more flexible RH is lacking!

Experience gathered with helicopter rescue in a comparable
area such as for example Hamburg - which will be discussed
in greater detail - clearly shows that under conditions
almost identical to those encountered in Berlin the RH
is a meaningful and indispensable addition to the ground
rescue service, particularly in a large city.

Quelle: Privatarchiv Ina v. Koenig

In Berlin 1978

Ina v. Koenig, S.O.S.-Air-Rescue

April 1978

Air rescue service now also for Berlin!

Introduction

Rescue helicopters are in use in 22 centres throughout the Federal Republic of Germany but this modern supplement to the ground rescue services has so far been completely lacking in Berlin although the first 8 - 10 minutes are normally decisive for the chances of survival in the event of a serious injury or illness (e.g. heart attack). FRG statistics further reveal that 59 % of people severely injured in accidents die within 30 minutes of the emergency occurring if they do not receive immediate medical aid.

A rescue helicopter (abbreviated in the following to RH) also permits immediate, comfortable transport to the nearest special clinic.

5 ambulances equipped with operating facilities (in comparison to Munich which has 33) are already stationed in West Berlin, but these vehicles run the risk of getting stuck in traffic jams in particularly urgent cases during the rush hour for example at weekends or in commuter traffic. These are then occasions where the more rapid, more flexible RH is lacking!

Experience gathered with helicopter rescue in a comparable area such as for example Hamburg – which will be discussed in greater detail – clearly shows that under conditions almost identical to those encountered in Berlin the RH is a meaningful and indispensable addition to the ground rescue service, particularly in a large city.

There are no reasonable grounds for withholding lifesaving possibilities, which have long since been taken for granted in the FRG, from the citizens of West Berlin. The safety of the people of Berlin, which is without doubt more restricted by the general political situation and the isolation of the city, should, by the stationing of a RH, be brought up to the same standard as that achieved years ago in the major cities of the FRG.

Thus the aim behind this exposé is to help to secure the basic approval indispensable in Berlin for the stationing and operation of a rescue helicopter and the organization behind it on a purely humanitarian basis from the Allied Powers who also assumed responsibility for the very life and security of the people of Berlin.

What does the S.O.S. air rescue service hope to achieve in Berlin? – motivation

In addition to the necessary approval of the Allied Powers with regard to aviation and sovereignty rights and the establishment of the organizational and technical basis for this project, the stationing of a RH in Berlin requires the commitment of a non-profitmaking upholder of the air rescue ideal which can also win over public support with its specialist knowledge and its non-profitmaking activities.

If the humanitarian ideal on which all rescue services are based (compare for example the major lifesaving organizations in America, England and France as upholders of the self-help cause!) is to have long-term success, it must be accepted by broad sectors of the population and supported by individual participation.

Only those organizations which are capable of addressing the populace directly will be in a position, by way of the good example of their humanitarian initiative, to activate everyone whose cooperation is essential and to cast aside the doubts which in similar situations were not able to curb the startup of active air rescue services in the FRG. Mrs. Ina v. Koenig, the founder and president of the S.O.S. Flugrettung e.V., has been active on behalf of air rescue for 10 years (she was also responsible for founding the Deutsche Rettungsflugwacht – German Air Rescue!), and she it was, who together with the organization's committee members, took the decision to introduce an air rescue service in Berlin as a purely non-profitmaking group in conjunction with a suitable air transport company (Ferranti Helicopters).

Experience has shown that only such initiative can motivate all the responsible authorities. Air rescue in Berlin should not be frustrated by misconstrued profitability considerations or local politics, nor can it be organized by the state.

94

Numerous talks with the Berlin Senate, the Allied Powers, the press and influential potential backers have brought preparations to the stage where the next important step in the realization of the air rescue service is the obtaining of allied approval.

How does the S.O.S. air rescue service work?

The Organization, which is recognized as being non-profitmaking, is based upon the aeronautical experience of its founders and has appropriately trained employees at its disposal. It is financed exclusively from members' and sponsors' contributions, donations and private contributions. Profitmaking on the part of the air rescue service is excluded by the articles of association.

On many occasions the S.O.S. air rescue service has saved lives, flown emergency patients to clinics which were then responsible for saving their lives, brought doctors to patients, transported paraplegics, human organs, blood plasma, medicines and serums, specialist teams of doctors and important medical equipment for special treatment by air and flown numerous transfer and repatriation flights including from other European countries.

The S.O.S. acts in accordance with the international principles of the Red Cross and when performing rescues makes no distinction as to the race, nationality or financial situation of the ill or injured requiring its aid.

S.O.S. only uses suitable aircraft, which are either fitted with all the medical equipment required by international standards or can be equipped with emergency facilities within 25 minutes. In addition to various types of rescue helicopter, twin-engined "airborne ambulances" (CESSNA, PIPER etc.) are on call and twin-engined jets (CORVETTE, GATES LEAR and FALCON 20 Mystere) are available for long-distance flights.

Thanks to close cooperation with hospitals specializing in accident cases specialists and first aid personnel can be summoned at short notice.

The technical prerequisites for such a service are provided by the International Alarm Centre of the S.O.S. air rescue service in Stuttgart which is manned round the clock (telephone 0711/705555 or telex 7 255 371).

The Administration operates on a minimal budget; the active committee members perform their duties on an honorary basis. The necessary aircraft are chartered as required.

How can the S.O.S. air rescue service operate in practice in Berlin?
(Charters, organization of rescue control station and use of helicopters)

Operating an air rescue service in Berlin requires an allied partner. This role is to be filled by FERRANTI HELICOPTERS. The contracts which have been prepared provide for helicopter to be made available to the S.O.S. by FERRANTI for primary rescue purposes, for moving patients and for any other flights which the S.O.S. may be required to make in Berlin.

A hospital equipped to handle major accident surgery and with a landing area at its disposal is also a necessity. The Steglitz Hospital has been mentioned as a possible location in talks with the Senate.

FERRANTI will be providing the helicopter pilot and 2 stretchers in addition to installing the medical equipment provided by the S.O.S. and the cut-in radio system for 1 FuG 7 b. The helicopter will also be insured by FERRANTI in accordance with legal provisions and/or those specified by the Allies. The RH is fitted with a winch and must be able to carry 2 passengers. Maintenance, overhaul and refuelling are the responsibility of the company. The pilot must be in possession of the necessary licences and have command of the German language. The rights and obligations of the S.O.S. and Ferranti are covered in a contract.

For its part, the S.O.S. will organize the rescue centre, prepare contracts with the health insurance funds, take care of acquisition, hold seminars, ensure an efficient rescue control station and make use of it in close cooperation with the existing facilities in West Berlin (fire brigade etc.). Administrative tasks, the settling of accounts and the assumption of administrative costs (possibly also for false alarms) will be the responsibility of the S.O.S. The Organization will also ensure that suitable landing areas are provided at the hospitals in question taking account of any regulations stipulated by the Allied air traffic authorities. The S.O.S. will also be organizing doctors and first aid personnel in addition to taking care of the acquisition and operation of medical equipment.

Further duties of the S.O.S. will be to compile rescue flight instructions, train personnel and instruct the pilot as to rescue procedures in the FRG. The helicopter will only be used in accordance with the agreed guidelines of the S.O.S.; the decision as to the technical feasibility of any particular flight lies with the pilot.

The sums agreed upon in the contract per month and flying hour will be paid to FERRANTI by S.O.S. for the chartering of the helicopter; these sums include all costs of providing, operating and maintaining the machine as well as helicopter personnel costs.

The enclosed sketch map of Berlin shows the radius which the helicopter can cover and the areas which are to be served. The locations of the existing ambulances equipped with operating facilities are also marked. [...]

Financial resources

a) S.O.S. Flugrettung e.V. (10 000 members
   = 0.5 % of the population at DM 25.-- & sponsors) DM   500 000.--
b) 600 calls ./. 15 % false alarms
   = 520 calls at DM 950.--   DM   484 500.--
c) Grant Land of Berlin   DM   250 000.--
                                                      DM 1 234 500.--

Note: as regards canvassing for members/sponsors, the S.O.S. will be working on the initially-mentioned basis that the rescue cause requires a broad basis amongst the population. At the same time the S.O.S. will be pointing to its wealth of practical experience in the repatriation of the severely injured and seriously ill, the costs of which (up to DM 10 000.--) are assumed by the S.O.S. in the case of members and sponsors. With the annual per capita contribution of DM 30.-- and DM 60.-- for families supporters of the rescue cause not only promote air rescue in Berlin, but also cover themselves against personal injury when holidaying in the FRG or abroad which, considering Berlin's isolation and the hordes of holidaymakers, should not be dismissed lightly!

Importance and effectiveness of a RH in a large city
(Explained with figures taking Hamburg as an example)

Preliminary remarks: The following summary is based on a report compiled by Dr. E. Jungck, Dr. H. Walther, Dr. W. Hoerster and Dr. D. Klaucke from the Army Hospital in Hamburg, Department X (anaesthesia and intensive care). The full text was published in the conference report of the INTERNATIONAL AIR-RESCUE SYMPOSIUM, 9th - 10th September 1977.

Between 16.7.1973 and 10.6.1977 the BELL UH 1 D rescue helicopter belonging to Squadron 64 of the Federal Air Force (Bundesluftwaffe) was called out on a total of 2 455 occasions from the Army Hospital in Hamburg. During this period the hospital rescue centre answered roughly 6 000 calls with the emergency ambulance stationed there. Worthy of particular note: almost half the calls were answered by RH!

The helicopter was equipped with a winch for air-sea rescue. The crew comprised a pilot, copilot, accident specialist and medical orderly.

The helicopter was used primarily for the civilian population, soldiers only being affected in 44 cases! The helicopter was always alarmed via the emergency telephone number 112; the calls being passed to the hospital rescue centre from the operations centre of the Hamburg fire brigade via a direct link. On average the helicopter was airborne in 2 minutes being guided over the city with its large harbour installations and parks by way of coordinates transmitted by radio.

(The details of the to our knowledge first report of a RH flight in and over a large city emphasize the parallels with the opportunities offered in Berlin!)

"In Hamburg there is almost always a suitable landing area (car park, school yard, park, factory yard or major road junction) wherever an emergency might arise."

Many areas in Hamburg can only be reached by road with extreme difficulty (which is also true of Berlin!).

During the unavoidable traffic jams which occur as a result of commuter traffic, it is often difficult if not impossible for the emergency ambulances which are stationed somewhat centrally at the large hospitals in Hamburg to reach the scene of an emergency quickly.

Further mean empirical values from Hamburg:

It is interesting to note that on average the RH had to cover 15.4 km to reach the scene of the emergency! Such a radius corresponds fairly closely to that which has to be covered by the emergency ambulances stationed in Berlin.

1.9 minutes passed between the alarm being given and the helicopter taking off. The RH reached its destination in 8 minutes (the time which doctors consider to be the outermost limit particularly in the case of patients with heart trouble). On the spot treatment lasted 17.6 minutes, transfer to the hospital 9.1 minutes with an average overall time per call of 39.4 minutes.

In Hamburg there is a clear emphasis on primary RH rescue calls with 798 traffic accidents (= 32.5 %) and 548 cases of acute, primarily internal illnesses (= 22.3 %).

These are followed by 307 industrial and occupational accidents (= 12.5 %) with domestic and sporting accidents etc. a distant third.

The medical treatment given at the scene of the accident or emergency frequently involves the restoration of cardiac and circulatory functions (960 cases roughly 40 %). This figure is particularly stressed here since it points to the fact that of the emergency patients rescued by RH a large number were older people. This has some significance for Berlin where it is a well known fact that the average age is significantly higher than in the FRG (in Berlin 61 years).

Thus the much quoted "high percentage of senior citizens" amongst the people of Berlin can never be used as an argument against rescue helicopters as is unfortunately sometimes the case in part certainly due to ignorance of the facts given here.

Medical treatment at the scene of the emergency was an absolute necessity in 1 308 cases, i.e. in 53.2 % of the emergency calls answered by the RH. However, even if the figures regarding the relative necessity of medical treatment are considered (e.g. quicker transport in a large city, comfortable transport etc.), then these 463 cases together with those mentioned above totalling roughly 72 % of all calls present a clear case in favour of the use of rescue helicopters in a large city even if emergency services are also available on the ground <u>as is the case in Berlin</u>!

The considerable number of cranial-cerebral traumas (392) reported from Hamburg in the diagnosis of emergency patients (= 31.6 %) underlines our view that only a hospital with so-called "major surgery" facilities and a fully equipped intensive care unit should be selected for the stationing of the RH in Berlin.

<u>Summary of some particularly important arguments from Hamburg:</u>

1) The RH is a meaningful supplement to the emergency ambulance even in a large city.
2) The use of helicopters saves time even in a city.
3) No increased risk to aviation through urban use of a RH.
4) "The Hamburg model can be transferred to similarly-structured large cities."

This should be expressly stated here. Practical, proven experience has shown that the stationing of a RH in Berlin is a necessity. However, this S.O.S. air rescue service project in conjunction with FERRANTI HELI-COPTERS can only be pursued if the Allied Powers give their basic approval, which we should like to end by emphatically requesting.

Das Rettungsflugzeug kann äußerst variabel im Rettungsdienst eingesetzt werden.

◌ Verlegungsflüge von Notfallpatienten nach Unfällen oder bei akuten Erkrankungen in eine entfernt gelegene Spezialklinik,
◌ Repatriierungs-(Heimholungs-) Flüge von verunglückten oder akut erkrankten Personen aus oder nach allen Ländern,
◌ Verlegungsflüge von zu früh geborenen Babys bzw. bei Geburten mit Geburtsfehlern zur Spezialbehandlung in ein entfernt gelegenes medizinisches Zentrum,
◌ Transport von Querschnittsgelähmten und Invaliden,
◌ Transport von menschlichen Organen,
◌ Transport von Blutkonserven, Medikamenten und Seren,
◌ Transport von Ärzte-Spezialistenteams,
◌ Transport von wichtigen medizinischen Geräten für Spezialbehandlungen

Die Rettungs-Idee und ihre Entwicklung

Ina von König erhielt 1968 vom Deutschen Roten Kreuz, Bonn, einen Auftrag: Untersuchung der Effizenz von Luftrettungs-Einsätzen in Deutschland durch praktische Erprobung.

Das alle Beteiligten überzeugende Ergebnis führte u.a. 1972 zur Gründung der ersten privaten deutschen Luftrettungs-Organisation – durch Ina von Koenig. Zwei Jahre lang, täglich von 7.30 bis Sonnenuntergang, stellte LTD-Helicopters den Rettungshubschrauber im Stuttgarter Raum. Die weitere Entwicklung ging dahin, daß Ina von Koenig in München neue Initiativen entwickelte und dort am 19. 2. 1975 den gemeinnützigen Verein S.O.S.-Flugrettung e. V. gründete.

6

Quelle: Privatarchiv Ina v. Koenig

101

Ina von Koenig

05/1996

For Mr. Dr. Ben Fong
Confidential

I was co-owner and General Manager of several helicopter companies in
Germany and Egypt.
In 1968 I received an assignment from the German Red Cross
to investigate the efficiency of air rescue
operations (with helicopters) in Germany
through practical tests.
The result, which convinced all participants, led to the founding of the first
Geman air rescue *non-profit* oganization in 1972. My experience in the air-rescue
business is about 20 years.

The explosive development of traffic
More and more employees of companies and tourists are exposed to greater
health hazards than ever before through business trips to all the various
countries. This increases the number of emergency calls from abroad.

Until the **year 2010** it is estimated that **900 million - 1 billion** people will be
travelling. In China already now more than **300 million** people , from Hong
Kong **1.2 million** are travelling.

Concept for an Air Ambulance Company in Hong Kong named
"..."

I intend to build up a special air-ambulance company in Asia and I would like
to bring in my experience. With the non-profit companies in Germany I could
not realize my ideas.

To incorporate a new company I have chosen **Hong Kong** to be near to China
and because of the fact that

1.) *„Asia is an immense aviation-market: half of the whole world-*
population lives about four flight hours around Hong Kong ." (Tony Tyler

Quelle: Privatarchiv Ina v. Koenig

In Hongkong 1996

Ina v. Koenig
For Mr. Dr. Ben Fong
Confidential
May 1996

I was co-owner and General Manager of several helicopter companies in Germany and Egypt.

In 1968 I received an assignment from the German Red Cross

to investigate the efficiency of air rescue operations (with helicopters) in Germany through practical tests.

The result, which convinced all participants, led to the founding of the first Geman air rescue *non-profit* organization in 1972. My experience in the air-rescue business is about 20 years.

The explosive development of traffic

More and more employees of companies and tourists are exposed to greater health hazards than ever before through business trips to all the various countries. This increases the number of emergency calls from abroad.

Until **the year 2010** it is estimated that **900 million - 1 billion** people will be travelling. In China already now more than 300 million people, from Hong Kong 1.2 million are travelling.

Concept for an Air Ambulance Company in Hong Kong named
"..............................."

I intend to build up a special air-ambulance company in Asia and I would like to bring in my experience. With the non-profit companies in Germany I could not realize my ideas.

To incorporate a new company I have chosen **Hong Kong** to be near to China and because of the fact that

1. *„Asia is an immense aviation-market: half of the whole world-population lives about four flight hours around Hong Kong."* (Tony Tyler, Cathay Service-Director)
2. *China has a great deficiency in qualified hospitals. The swiss embassy recommends to give preference to hospitals in Hongkong or Japan.*

The *company* will assume or organize air transportation and air transfers in cases of accidents, sickness and disasters to quickly transfer critically ill persons to a place where they can receive effective treatment or surgery.

In addition to these services we will offer some other benefits e.g. medical services (check-ups) in private hospitals to a reduced price etc.

Aircraft

We will use only suitable and reasonable aircraft located around the world. The aircraft used by us for transportation are constructed according to the latest aeronautical and medical findings and will be equipped of the accustomed conditions on the ground. The pressurized cabins can maintain sea level pressure up to 7 500 m and therefore eliminate weather influences which might adversely affect the moving of a sick person. This fact is of great significance especially for persons suffering from coronary and circulatory problems. The equipment of the Jet will be similar to that of an emergency ambulance and contains all the necessary medical and technical systems to maintain a patient's vital functions.

The use of the ambulance can be extremely variable:

- Moving of emergency patients by air following accidents or in cases of acute illness to a distant **special clinic,**
- **Repatriation** (back home flights) for persons acutely ill or involved in an accident from or to all countries,
- Movement by air of **premature babies** or in cases of births with complications for special treatment to a distant medical center,
- Transportation of **paraplegics** and **invalids,**
- Transportation of **human organs,**

- Transportation of **stored blood, medicines** and **serums,**
- Transportations of **medical specialist teams,**
- Transportation of **important equipment** for special treatments.

The right kind of crew

A doctor trained in emergency medical care and who is able to use the medical equipment on board properly and on his sole responsibility accompanies each ambulance flight. He also possesses the knowledge required for medical flights. The doctors employed by us will be emergency rescue specialists.

In addition to the doctor there will be also an emergency medical technician on board. He gives the necessary in-flight care and recognizes critical situations.

Returning home ...

A by-product of our service is greater economy in medical care.

The fact of the matter is that erecting specialized medical centers is extremely expensive.

Transporting patients by ambulance jet (or helicopter) from other countries or areas of Hong Kong which do not offer optimal medical care to a special clinic is **much cheaper** than constructing many medical centers for possible cases in peripheral areas. Not to mention the fact that the construction of such centers abroad cannot be forced by Hong Kong institutions. Added to this is the fact that ambulance flights ensure in each case that the patient receives treatment sooner and heals better, whereby not only the chances of survival are substantially increased but also a quick recovery and a shorter stay in the hospital is guaranteed in most cases.

Especially for these flights the medical and psychological value of promoting healing cannot be esteemed highly enough.

Experience shows that the time required for healing of seriously injured persons who were returned to a medical center in their homeland of surgery was reduced by 6 - 12 months.

The Emergency Headquarter

This is where emergency calls are received, rescue operations are coordinated, doctors, ambulances, airplanes and helicopters are directed, where we negotiate for permission to land where the impossible becomes possible in the interest of the patient. Our priority:

to organize help reliably, quickly and unbureaucratically.

The emergency headquarter is available around the clock, 24 hours a day, works with modern communications equipment and is supported by data processing.

If an emergency call is received at the headquarters immediately action will be taken. An extensive mechanism is put into operation via radio, telephone and fax.

Contact with doctors abroad giving treatment is established and the current location of suitable aircraft is determined.

Airports, ambulances and hospitals are informed. Normally all lines of communication are in full swing for six hours. If the case is extremely urgent a jet will be put on its way during this exploratory phase.

Financing

The ambulance flights have to be paid by

- the patients
- an insurance company or health insurance

or is **free of charge** for members (or subscribers), if there is a medical reason.

Card

We will offer a **special named Card** or membership to **everybody, who travels** once or more times a year to avoid the considerable expense which results should they themselves ever need our services. (More details are written upon in a business- and marketing-plan)

1 enclosure / Medical equipment

May 1996 IvK

106

To discuss with Mr. Dr. Ben Fong:

Medical equipment:

- a closed respiratory system with an oxygen supply independant of the on-board supply
- fresh air respirator (Ambu bag)
- Intubation instruments
- Suction device
- Sphygomanometer
- Infusion solutions and infusion instruments
- Puncture material for veins
- Bandages
- Material for fixations and splints
- Vacuum mattress
- Injection material
- Surgical pocket instruments
- Stomach probes
- EKG display
- Defibrillator
- Otoscope
- Stretcher
- Disposable clothing etc.

Firmenprospekt «LTD Helicopters»

Quelle: Privatarchiv Ina v. Koenig

Firmenprospekt «LTD Helicopters»

Quelle: Privatarchiv Ina v. Koenig

Hubschrauber Aérospatiale Alouette 3
Rettungshubschrauber - Einsatzkonzept

Rettungshubschrauber werden für die
Primärrettung (Erstversorgung von
Notfallpatienten am Unfallort und
Transport in eine Klinik) und für die
Sekundärrettung (Verlegung von Patienten in eine Spezialklinik) eingesetzt.
Die medizinische Ausrüstung des Rettungshubschraubers ist so konzipiert,
dass sie sowohl ausserhalb als auch
innerhalb der Maschine eingesetzt
werden kann. Das Kabinenbrett wird
an der Rückseite des Rettungshubschraubers oberhalb der Krankentrage angebracht. Die übrigen medizinischen Geräte liegen auf einer Konsole
im Vorderteil des Hubschraubers.
Der Notarzt sitzt entgegen der Flugrichtung und kann damit in jeder Phase des Fluges den Patienten betreuen,
z. B. Sauerstoffmenge dosieren, Infusionen und venösen Zugang kontrollieren, EKG überwachen, usw. Der
Rettungssanitäter sitzt in Flugrichtung
und kann somit dem Notarzt die benö-
tigten Geräte zureichen, die auf der
Konsole untergebracht sind. Die Besatzung ist über ein bordinternes
Kommunikationssystem in ständiger
Sprechverbindung.

Die erforderlichen medizinischen Maßnahmen werden vor dem Flug vom
Notarzt durchgeführt. Sobald der Patient danach transportfähig ist, gibt
der Notarzt die Zustimmung zum
Transport. Der Rettungshubschrauber ist so eingerichtet, dass Komplikationen, die während des Fluges
auftreten, durch gezielte Massnah-
men des Notarztes mit Unterstützung
des Rettungssanitäters bekämpft werden können. Auch eine cardio-pul-
monale Wiederbelebung während des
Fluges ist durchführbar. Für die
spezielle Überwachung der Herzak-
tion wird der Patient an ein EKG-
Sichtgerät angeschlossen.

Quelle: Privatarchiv Uwe Heins

Hubschrauber Aérospatiale Alouette 3
Rettungshubschrauber – Gesamtausstattung

Die personelle und medizinische Ausrüstung des Rettungshubschraubers entspricht in etwa der eines Notarztwagens. Sie garantiert die optimale medizinische Versorgung eines Notfallpatienten vor und während des Fluges. Ein brei-
tes Spektrum an Notfallmedikamenten gewährleistet neben den medizinischen
Geräten die Erhaltung der Vitalfunktionen, d.h. von Atmung, Kreislauf, Wasser-
und Elektrolythaushalt. Im einzelnen setzt sich die Ausrüstung wie folgt zusammen:

1. Arzt und Sanitäter
2. Kabinenbrett – medizinische Geräte für therapeutische und prophylaktische
   Anwendung während des Fluges
3. Notfallkoffer – Infusionen, Infusionsbestecke, Venenpunktionsmaterial,
   Verbandmaterial, usw.
4. Notfall-Intubationsbesteck zur oralen und nasalen Intubation
5. Dräger-Leardal-Absaugeinheit – elektrische Absaugung innerhalb und ausserhalb der Maschine
6. Notfall-Defibrillator mit Pacemaker und Zubehörtasche
7. Ampullarium – Notfallmedikamente mit Injektionsmaterial
8. Krankentrage nach DIN (passend für jeden DIN-Rettungswagen)
9. Vakuum-Immobilisator für den schonenden Transport polytraumatisierter
   Patienten (speziell Wirbelfrakturen)
10. Betreuungstasche – Betreuungsgeräte für länger dauernde Transporte
    (Nierenschalen, Urinenten, usw.)
11. Kraftstoff für Flugdauer bis zu 4,5 Stunden
12. Pneumatisches Schienenmaterial und Schaufeltrage zur Umlagerung bei Wir-
    belfrakturen (nicht abgebildet)
13. Baby/Kinder-Notfallkoffer – Notfallmedizinische Geräte für Notfälle bei
    Säuglingen und Kleinkindern (nicht abgebildet)

Quelle: Privatarchiv Uwe Heins

Hubschrauber Aérospatiale Alouette 3
Rettungshubschrauber – Kabinenbrett mit medizinischen Geräten

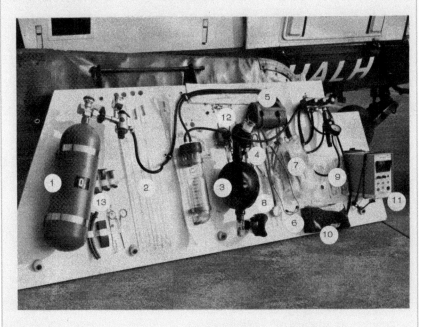

1. Sauerstoff-Flasche 5 Liter mit Inhalations- und Absaugeinrichtung,
   Anschlussmöglichkeit für AMBU-Resuscitator
2. Absaugkatheter verschiedener Grössen
3. Resuscitator zur assistierten und kontrollierten Beatmung
4. Verbandscheren und Pinzetten
5. Blutdruck-Messgerät
6. Stethoskop
7. Infusion
8. Injektionsmaterial (Einmal-Spritzen und -Kanülen verschiedener Grössen)
9. Venenpunktionsmaterial
10. Verbandmaterial, Mullkompressen
11. EKG-Sichtgerät zur Schnelldiagnostik
12. Beatmungsmasken für Resuscitator
13. Tubi verschiedener Grössen

Quelle: Privatarchiv Uwe Heins

Einige Medienberichte über Ina v. Koenig und ihr Engagement beim Aufbau der Luftrettung in Deutschland

LUFT-TRANSPORT-DIENST GMBH

P r e s s e i n f o r m a t i o n

Luftrettungswacht für die Hauptreisezeit August 1971 von Firma
Luft-Transport-Dienst (L-T-D) Stuttgart ins Leben gerufen!

Uneigennützige kostenlose Gestellung von Rettungshubschraubern!
Auch private Hubschrauberhalter wirken mit.
Ministerpräsident Dr. Hans Filbinger übernimmt Schirmherrschaft!

Mehr als 4000 Menschen starben zwischen Anfang Juli und Ende August letzten Jahres auf Westdeutschlands Strassen. Im Gesamtjahr
1970 waren 19 000 Tote und 530 000 Verletzte zu beklagen.

Ein hoher Prozentsatz hätte gerettet werden können, wenn ärztliche Hilfe früh genug am Unfallort zur Verfügung stünde und schnelle und schonende Überführung der schwerverletzten Unfallopfer zum
nächsten Unfallkrankenhaus gewährleistet gewesen wäre. Diese Voraussetzungen waren aber leider nicht gegeben.

Ein einziger Unfall auf Bundesstrassen oder -autobahnen verur-
sacht oft kilometerlange Stauungen, die ein Durchkommen des Un-
fallrettungswagens sehr verzögern oder gar ganz verhindern.
Schnelle und damit lebensrettende Hilfe kann daher oft nur aus der
Luft durch den Einsatz von Hubschraubern sichergestellt werden.

Mit unserem für die Hauptreisezeit August 1971 vorgesehenen Einsatz einer

L u f t r e t t u n g s w a c h t

LTD Presseinformation LRW Baden Württemberg, 30.07.1971

Quelle: Privatarchiv Ina v. Koenig

LUFT-TRANSPORT-DIENST GMBH

mit Hubschraubern für das Gebiet Baden-Württemberg verfolgen wir
folgende erstrangige Ziele:

1. Schnelle und den heutigen Kenntnissen entsprechende Erstversorgung von Unfallpatienten am Unfallort durch Einsatz von
Hubschraubern als Ergänzung der bodenständigen Rettungsdienste.

2. Fortsetzung der Erstversorgung während der Fluges, mittels
aller neuzeitlichen medizinischen Einrichtungen in einem ausreichend großen Krankenraum im Hubschrauber durch einen Unfallspezialarzt (Anaesthesist), unterstützt durch einen Unfallsanitäter, d.h. Fortführung der lebensrettenden Massnah-
men während des Fluges.

3. Schneller Transport in die kompetente Spezialklinik, die mit
den Spezialeinrichtungen ausgestattet ist, die für den speziellen Fall benötigt werden, über die ein kleineres Krankenhaus nicht verfügt und die im Strassentransport wegen möglicherweise zu langer Transportzeit nicht angefahren werden
kann.

4. Sicherstellen des Vorausbescheides aus dem im Fluge be-
findlichen Hubschrauber an die anzufliegende Klinik.
Mitteilung des Unfallspezialarztes über die zu treffenden
Vorbereitungen, für die erforderliche sofortige Behandlung.

5. Schonenste Einlieferung, präzise persönliche Übermittlung
der Diagnose des Anaesthesisten an den weiterbehandelnden
Arzt der Spezialklinik, um die dortigen erweiterten Reanimationsmöglichkeiten ohne Verzögerung durchzuführen, um
auch bei schwierigen Fällen eine beste Wiederherstellung des
Verunglückten zu erreichen.

LTD Presseinformation LRW Baden Württemberg, 30.07.1971

Quelle: Privatarchiv Ina v. Koenig

LUFT-TRANSPORT-DIENST GMBH

Weiterhin liegt in unserer Zielsetzung:

6. Transport von Blut, Impfstoffen, Heilseren, speziellen Heilmitteln und Geräten bei dringendem Bedarf.

7. Transport von Spezialärzten oder ärztlichen Operationsgruppen in eine Klinik.

8. Durchführung von Sekundärtransporten von Patienten von einer
Klinik in die spezielle Behandlungseinheit einer anderen
Klinik.

Um diese Zielsetzung zu erreichen haben wir uns um die Mithilfe
aller einschlägigen Organisationen bemüht und haben deren zuständige Repräsentanten angesprochen und eingeladen mitzuwirken.
Fast alle haben uns ihre aktive Mitwirkung zugesagt.

So haben uns die Landespolizeidirektion Baden-Württemberg die unverzügliche Durchgabe von Unfallereignissen zugesagt bei denen
Verletzte zu beklagen sind und der Einsatz eines Rettungshubschraubers nützlich oder notwendig erscheint. Hierzu werden die
entsprechenden Kanäle des Polizeifunks benützt, an die wir angeschlossen sind.

Desgleichen haben uns die Autobahn- und Strassenmeistereien von
Baden-Württemberg eine entsprechende Handhabung in Aussicht gestellt. Grössere Unfälle werden uns telefonisch mitgeteilt.

Weiterhin hat uns der ADAC zugesagt, seine für Strassenbeobachtung
eingesetzten Flugzeuge anzuweisen, uns zu alarmieren, wenn die
Schwere eines Unfallgeschehens den Einsatz unserer Luftrettungswacht
erforderlich erscheinen läßt. Hierzu wird der Flugfunk über die
Flugsicherung des Flughafens Stuttgart benützt an die wir angeschlossen sind.

Entsprechend hat er seine Landfahrzeuge angewiesen.

- 4 -

LTD Presseinformation LRW Baden Württemberg, 30.07.1971

Quelle: Privatarchiv Ina v. Koenig

LUFT-TRANSPORT-DIENST GMBH

Auch der AvD hat uns eine entsprechende Zusage gegeben.

Letztlich bitten wir die Bevölkerung, und alle Verkehrsteilnehmer
im Falle von Unglücken bei denen Schwerverletzte zu beklagen sind
uns unverzüglich über Telefon

```
0711 / 79 01 - 587
0711 / 79 36 34
0711 / 79 533
0711 / 79 011      (Flughafen Stuttgart)
```

in der Zeit von 8:00 bis 20:00 Uhr zu benachrichtigen.

Presse, Rundfunk, Fernsehen wollen unsere Luftrettungswacht mit
seinen wichtigen Nachrichtenverbindungen entsprechend wiederholt
in ihren Veröffentlichungen bringen, damit Unfallteilnehmer oder
Beobachter trotz erster Aufregung die richtigen Meldungen mit
genauer Angabe des Unfallortes an die richtige Telefonnummer
durchgeben können.

Eine richtige Meldung muß erschöpfend darstellen:
    Strassenbezeichnung
    Strassenklasse
    Strassennummer
    zwischen welchen Ortschaften
    und bei welchem Kilometer sich der Unfall ereignet hat.
    Zeit des Unfalls
    Art des Unfalls
    Zustand der Betroffenen
    ob weitere Hilfe
    und wo etwa angefordert wurde.

- 5 -

LTD Presseinformation LRW Baden Württemberg, 30.07.1971

Quelle: Privatarchiv Ina v. Koenig

LUFT-TRANSPORT-DIENST GMBH

Unsere präzise Einweisung des Rettungshubschraubers, oder Durchgabe einer anderen Anweisung auch noch während des Fluges ist
möglich.

Weiterhin haben wir volle Mitwirkung des ärztlichen Dienstes vom
Deutschen Roten Kreuz, Landesverband Baden-Württemberg und der
Bezirksärztekammer Nordwürttemberg zugesagt bekommen. Bereits im
Jahre 1968 haben wir mit dem Deutschen Roten Kreuz (General-
sekretariat Bonn) im Raum Mainz einen gemeinsamen Rettungsdienst
unter Professor   F r e y   durchgeführt. Herr Professor
A h n e f e l d , Bundesarzt des DRK, der sich ebenfalls seit
Jahren mit der Intensivierung des Unfallrettungsdienstes befaßt,
ist uns mit seiner Organisation wesentlich und dankenswerter
Weise entgegen gekommen.

Wir wollen bei diesem Einsatz unter anderem zeigen, daß Unfallrettungsdienst eine zivile Aufgabe darstellt und Sanitätseinheiten
der Bundeswehr nur bei grossen Katastrophen eingesetzt werden
sollten. Die Bundeswehr mit ihren vielfältigen anderweitigen
hoheitlichen Aufgaben würde diese ihre hoheitlichen Aufgaben
vernachlässigen müssen, wenn sie zweckentfremdete Aufgaben aus
dem zivilen Sektor übernehmen müßte. Ausserdem wären Mittel aus
dem Verteidigungshaushalt zwar gut, aber doch zweckentfremdet
eingesetzt,
    wenn sie zur Anschaffung von Rettungshubschraubern verwendet
    würden und vorhandeen zivile Hubschrauber weiter am Boden
    bleiben müßten und mangels Mittel nicht eingesetzt werden
    könnten.

Die Trägerschaft des DRK Einsatzes erfolgt vom Landesverband
Baden-Württemberg unter Leitung des Geschäftsführers, Herrn
Dr.   G r u b e r   und dessen Mitarbeiter Herrn   A u c h .

- 6 -

LTD Presseinformation LRW Baden Württemberg, 30.07.1971

Quelle: Privatarchiv Ina v. Koenig

LUFT-TRANSPORT-DIENST GMBH

Die Rettungs- und Hilfsdienste der Johanniter, Malteser,
Arbeiter Samariter und die Feuerwehr haben ebenfalls ihre
geeignete Mitwirkung und ihren Beitrag zum Gelingen unseres
Einsatzes für die Luftrettungswacht Baden-Württemberg zugesagt.

Besonders hervorgehoben werden darf, daß Herr Architekt
S t e i g e r und seine Gattin mit der von ihnen gegründeten
Björn Steiger Stiftung keine Mühe gescheut haben, unserer Luft-
rettungswacht zum Erfolg zu verhelfen.

Herr Direktor W e n d e l , Flughafen Stuttgart GmbH, und die
am Flughafen tätigen Dienste, insbesondere die Flugsicherung ergänzen die Reihe der mitwirkenden Kräfte.
Soweit die Akteure.

In Anbetracht der Bedeutung dieses Vorhabens hat Herr Ministerpräsident Dr. Hans F i l b i n g e r die Schirmherrschaft
übernommen und alle Dienststellen des Landes angewiesen in geeigneter Weise zu dem erfolgreichen Wirken der Luftrettungswacht
Baden-Württemberg beizutragen. Die Eröffnung findet heute am

30. Juli 1971, um 11:00 Uhr

im Flughafen-Hotel Stuttgart statt. Die vorgesehenen Hubschrauber
werden vorgestellt. Es handelt sich um eine ALOUETTE III und
eine ALOUETTE II die mit folgenden Ausrüstungen versehen sind:

ALOUETTE III: Funkanlage Fug 7 b
               Ärztliches Notbesteck
               2 genormte Krankentragen mit Vakuummatratzen
               Reanimationsgerät
               (Absaug- und Beatmungsgerät,
               Infusions- und Sauerstoffinhalationsgerät)
               Verbandsmaterial
               1 Satz Kammerschienen
               Arztkasten mit Instrumenten und Spritzen

LTD Presseinformation LRW Baden Württemberg, 30.07.1971

Quelle: Privatarchiv Ina v. Koenig

LUFT-TRANSPORT-DIENST GMBH

<u>ALOUETTE II:</u> 1 - 2 Krankentragen

Nach Abschluß dieses Probeeinsatzes in Baden-Württemberg soll
beurteilt werden, ob sich Ansatzpunkte ergeben einen ständigen
Luftrettungsdienst einzurichten und ob es empfehlenswert erscheint
zu versuchen, diesen zunächst in Baden-Württemberg, später
eventuell überregional zu einer ständigen Einrichtung auszubauen,
oder ob weitere längere Versuche in dieser Richtung zur Be-
urteilung erforderlich sind.

Wir hoffen, daß die Einrichtung unserer Luftrettungswacht dazu
beitragen wird, einer großen Anzahl von Unfallverletzten eine
rasche Wiederherstellung ihrer Gesundheit zu bringen oder manchen
vor dem sicheren Tode zu retten.

Stuttgart, den 30. Juli 1971
v.K./st

LTD Presseinformation LRW Baden Württemberg, 30.07.1971

Quelle: Privatarchiv Ina v. Koenig

Rasche Hilfe aus der Luft

Eine Rettungswacht für die Haupttreisezeit — Standort: Flughafen Stuttgart

Zum Beginn der Sommerferien und damit der großen Reisewelle im Land hat am Freitag auf dem Stuttgarter Flughafen die „Luftverkehrswacht Baden-Württemberg" ihre Arbeit aufgenommen. Sie wird, zunächst auf vier Wochen (bis 29. August) begrenzt, durch den kostenlosen Einsatz von Hubschraubern den Unfallrettungsdienst maßgeblich beschleunigen und verbessern. Initiator der Aktion ist die Lufttransport-Dienst-GmbH, die in enger Zusammenarbeit und mit entscheidender Hilfe des DRK-Landesverbandes und der Polizei tätig wird. Zwei auf dem Flughafen stationierte Hubschrauber vom Typ Alouette III und II sind mit allen notwendigen medizinischen Instrumenten und Medikamenten sowie mit Funk ausgestattet. Aerzte und Sanitäter haben sich ebenso wie erfahrene Piloten verpflichtet, täglich von sieben bis 20 Uhr in Bereitschaft zu sein. Die Alarmierung erfolgt über Polizeifunk.

Mehr als 4000 Menschen sind von Anfang Juli bis Ende August 1970 auf westdeutschen Straßen ums Leben gekommen. Viele hätten gerettet werden können, wenn ärztliche Hilfe rasch zur Stelle und der Transport in ein Krankenhaus umgehend möglich gewesen wäre.

Die Anregung zur Schaffung dieses Luftrettungsdienstes hat bei allen maßgeblichen Stellen Aufmerksamkeit gefunden; Ministerpräsident Dr. Filbinger übernahm die Schirmherrschaft. Bei der Inbetriebnahme am Freitag bekundete Ministerialdirektor Dr. Geiger das außerordentliche Interesse der Landesregierung an einem den heutigen Notwendigkeiten entsprechenden Ausbau des Notfallrettungsdienstes. Er dankte sowohl der LTD-Geschäftsführerin Ina von Koenig als auch allen anderen Institutionen, die bereit sind, sich hier zu engagieren. Wohl werde sich in absehbarer Zeit noch kein dichtes Hubschrauber-Rettungsnetz über das Land ziehen, doch ließen sich bei dem vierwöchigen Einsatz sicher wertvolle Erfahrungen sammeln. Danach solle dann beurteilt werden, ob sich Ansatzpunkte für die Einrichtung eines ständigen (kommerziellen) Luftrettungsdienstes ergeben, der sich später eventuell sogar überregional ausbauen ließe.

Zu den wichtigsten Voraussetzungen für das tadellose Funktionieren der neuen Einrichtung zählt die nebst der raschen Alarmierung. Um dies zu erreichen, hat die Landespolizeidirektion die unverzügliche Durchgabe von schweren Unfällen zugesagt und die Benützung ihrer Funkkanäle erlaubt. Autobahn- und Straßenmeistereien schalten sich ebenfalls ein. Der ADAC zum Beispiel wird seine zur Straßenbeobachtung eingesetzten Flugzeuge anweisen, bei Bedarf Alarm auszulösen.

he

Die Hubschrauber der neuen Luftrettungswacht sind so perfekt ausgestattet, daß sie die Erstversorgung des Verletzten am Unfallort gewährleisten. Foto: Feddersen

Zeitungsbericht, 30.07.1971

Quelle: Privatarchiv Ina v. Koenig

5.9.75

Namentlich in der tz

Ina von König (Bild), Gründerin der SOS Flugrettung, richtete jetzt in München eine internationale Notrufzentrale für Rettungs- und Krankenflüge ein. Die Zentrale ist rund um die Uhr unter

der Nummer 3 51 51 51 erreichbar. Gleichzeitig wurde ein moderner Rettungshubschrauber am Unfallkrankenhaus Murnau stationiert. Chefarzt Dr. Ruidisch flog damit bereits über 50 Sekundär-Rettungsflüge.

Walter Scheel, Bundespräsident, traf sich zu einem Essen im Bayerischen Hof mit dem Autor **Lothar-Günter Buchheim**. Drei Stunden lang unterhielten sich die beiden über die deutsche Kunstpolitik und Buchheims berühmte Expressionistensammlung und den Bestsellererfolg des Autors „Boot" in den Vereinigten Staaten.

Dr. **Klaus-Dieter Tympner**, Münchner Stadtrat, macht derzeit Überstunden in Hülle und Fülle. Der Privatdozent am Haunerschen Kinderspital ist maßgebend an der Organisation der am kommenden Montag beginnenden Jahrestagung der Deutschen Gesellschaft für Kinderheilkunde beteiligt. Zu den Veranstaltungen werden etwa 2000 Mediziner in München erwartet.

tz, 05.09.1975

Quelle: Privatarchiv Ina v. Koenig

GARMISCH-PARTENKIRCHNER TAGBLATT

Verlag: Münchener Zeitungs-Verlag, München 2, Pressehaus Bayerstraße — Redaktion und Geschäftsstelle: 81 Garmisch-Partenkirchen, Druckergasse
Verantw. Redakteur-Heinrich Schott, Stellvertr. Wolfgang Kaiser — Redaktion (0 98 21) 33 35, Anzeigen und Vertrieb (5 98 21) 5 81 11

Donnerstag, 12. August 1976

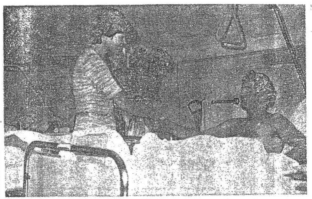

Bei ihm ging es um Leben und Tod: Ohne die SOS-Flugrettung wäre Kraftfahrer Eberhard Hamann, 32, wahrscheinlich längst tot. Mit seinem Lastzug war er auf der Autobahn bei Rovereto schwer verunglückt, das Fahrerhaus wurde halb weggerissen und er war zweieinhalb Stunden bei vollem Bewußtsein eingeklemmt. Ein Hubschrauber brachte ihn vom Krankenhaus Malcesine zur Unfallklinik. Ein Bein mußte amputiert werden. Der kräftige Händedruck mit Ina von König (Bild) — die Gründerin der „SOS-Flugrettung"-bringt ihm einen Blumenstrauß — bedeutet also auch Dank. Die als gemeinnützig anerkannte „SOS-Flugrettung" holt Notfall-Patienten — wenn es sein muß — von jedem Punkt der Erde. Mit einem Mindestbeitrag kann jeder Fördermitglied werden und erhält dann — auch für Familienmitglieder — medizinisch notwendige Flugtransporte in ganz Europa und einigen nordafrikanischen Ländern unentgeltlich. Die internationale Notrufzentrale der Flugrettung in Stuttgart ist Tag und Nacht unter den Telefonnummern (07 11) 70 55 53 oder 70 20 28 zu erreichen. Wer Mitglied werden will, kann sich an die „SOS-Flugrettung", Postfach 230 323, 7000 Stuttgart 23, Flughafen, wenden. Er erhält eine Autoplakette und einen Förderausweis. Er hilft damit, Menschenleben zu retten und hat selbst mehr Sicherheit im Notfall.

Garmisch-Partenkirchner Tagblatt, 12.08.1976

Quelle: Privatarchiv Ina v. Koenig

Mit der S.O.S.-Flugrettung zur Unfallklinik Murnau:

Rundflug für Querschnittsgelähmte

Querschnittsgelähmte wurden im Hubschrauber zur Kreut-Alm geflogen / Freude und Abwechslung

Kreis Böblingen (hl). Freitags um die Mittagszeit. Ort: Flughafen Stuttgart-Echterdingen. Ina von Koenig (Böblingen), 1. Vorsitzende der S.O.S.-Flugrettung, hatte zu einem Flug nach Murnau/Oberbayern eingeladen. Dort erwarteten bei der Unfallklinik Murnau bereits mehrere Querschnittsgelähmte die Ankunft des Helicopters aus Stuttgart. Ihnen ermöglichte die S.O.S.-Flugrettung an diesem Nachmittag einen Rundflug im Hubschrauber mit Landung und unterhaltsamer Abwechslung auf der Kreut-Alm, jenem idyllischen Ort, wo Franz-Josef Strauß seinen Geburtstag gefeiert hat.

Auf dem Stuttgarter Flughafen steht der Hubschrauber „Alouette III" bereit. Um 12.50 Uhr erfolgt vom Tower die Starterlaubnis. Pilot Andreas Schreiter läßt den „Grashüpfer" in die Luft steigen. Schnell hat man etwa 220 „Sachen" und eine Höhe rund 200 Meter über Grund erreicht. Flug in Richtung Bayernland über die schwäbische Alb, an Ulm vorbei, verläuft verhältnismäßig ruhig, von einigen Böen, die den Hubschrauber ab und zu einen Stoß verpassen, einmal abgesehen.

Nach 50 Minuten schon überfliegt die „Alouette" die Unfallklinik Murnau. Pilot Schreiter dreht noch eine Schleife — unten warten und winken die Patienten im Rollstuhl — und setzt dann zur weichen Landung auf dem Rasen vor dem Krankenhaus an. Aus von Koenig steigt aus, wird von Vertretern des Krankenhauses begrüßt und begrüßt dann selbst die Querschnittsgelähmten im Alter von 15 bis 50 Jahren.

Eine kurze Pause noch — dann steigt der Hubschrauber der S.O.S.-Flugrettung insgesamt dreimal in die Luft, um die zwölf Querschnittsgelähmten zur Kreut-Alm zu fliegen. Die Freude ist groß. Für die — zumeist — jungen Menschen, die an den Rollstuhl gefesselt sind, ist es eine willkommene Abwechslung, an diesem Nachmittag mit dem Hubschrauber fliegen zu können.

Auch auf der Kreut-Alm hat Ina von Koenig alles arrangieren lassen. Der Hubschrauber-Landeplatz ist reserviert, Helfer sind rechtzeitig zur Stelle, alles klappt wie am Schnürchen. Die Querschnittsgelähmten aus der Murnauer Unfallklinik werden in den Garten gefahren; dort sitzt man für ein paar

Stunden bei bayrischer Stimmungsmusik und einschließlich Brotzeit gemütlich zusammen, und auch das Wetter macht an diesem Tag keinen Strich durch die Initiative der Ina von Koenig.

„Den Patienten hat's dann auch entsprechend gefallen. Thomas Studinger, 16 Jahre, aus Waldshut: „Ja, mir hat das sehr gut gefallen. Ich bin zwar schon einmal geflogen, aber damals konnte ich noch laufen. Die Idee zu diesem kostenlosen Freiflug finde ich gut, sehr gut sogar." Und der 16jährige Uwe Müller meint zu der Initiative der S.O.S.-Flugrettung nur: „Das war astrein."

Initiatorin Ina von Koenig zu ihrer Aktion, die sie zum ersten Mal durchgeführt hat, aber irgendwann in dieser oder anderer Form wiederholen möchte: „Ich wollte den Leuten eine Freude machen, ihnen eine Abwechslung bieten und ihnen den Genuß des Fliegens mitgeben. Ich glaube, das hat allen gefallen. Wir sind ja laufend Fördermitglieder, und wenn wir genügend finden sollten, können wir so etwas ähnliches öfters machen; das ist zwar eine Nebenaufgabe von uns, die man aber nicht verkümmern lassen sollte."

Dr. Hofmann, Oberarzt an der Murnauer Unfallklinik, findet den Freiflug für seine Patienten „wunderbar": „Die Patienten werden in der Regel mit dem Hubschrauber in die Klinik gebracht — aber da haben sie ja nichts davon. Bisher ist noch niemand auf eine solche Idee gekommen." Und die hält Dr. Hofmann für durchaus begrüßenswert. Krankenpfleger Jürgen Hagedorn („Ich bin seit vier Jahren bei den Querschnitten") ist überzeugt: „Das ist 'ne Abwechslung für die. Die haben sich gefreut, aber immer, und wenn's nur etwas anderes für eine Stunde oder zwei war." Laut Hagedorn müssen Querschnittsgelähmte — wenn keine Komplikationen auftreten — ein halbes bis ein Jahr im Krankenhaus bleiben, bei Komplikationen fünf Jahre und darüber. Das aber seien Ausnahmen, meint der Krankenpfleger aus dem Norden Deutschlands, der sich mit seinen Patienten gut versteht und mit den meisten per du ist.

Für die zwölf Querschnittsgelähmten geht dieser Nachmittag viel zu früh vorüber. Vor dem Abflug von der Kreut-Alm eilt noch der Wirt in der „Krachledernen" heran und kredenzt seinen Gästen einen Schnaps. Dann setzt sich der Rotor in Bewegung. Viel Getöse, Lärm und Staub. Rückflug zur Unfallklinik Murnau — Rückkehr in den Alltag.

INA VON KOENIG, 1. Vorsitzende der S.O.S.-Flugrettung.

Sindelfinger Zeitung, 04.06.1976

Quelle: Privatarchiv Ina v. Koenig

124

LTD-Helicopters – ein neuer DINERS CLUB Service
Porträt einer Hubschrauber-Gesellschaft

GAZELLE SA 341

Viele Prominente, VIP's des öffentlichen Lebens, aus Wirtschaft, Presse, Funk und Fernsehen, fliegen regelmäßig mit LTD-Helicopters. Die Gesellschaft, jetzt Vertragsunternehmen des DINERS CLUB, wurde im Jahre 1966 gegründet mit dem Ziel, Deutschlands Führungsspitzen endlich das zu bieten, was in den USA zur Alltagsroutine gehört: Der Sprung von Büro zu Büro – sicher, modern und schnell.

Eingesetzt werden erprobte französische Hubschraubermodelle von Aerospatiale, die auf dem Flughafen Stuttgart und zur Zeit in Murnau/Oberbayern stationiert sind:

▶ 2 Alouette II-Maschinen (1 Pilot + 3–4 Gäste),
▶ 1 SA 341 Gazelle (255 km/h) (1 Pilot + 3–4 Gäste),
▶ 1 Alouette III-Maschine (1 Pilot + 6 Gäste).

Alle Piloten verfügen über mindestens 1500 Flugstunden und mehr Hubschraubererfahrung.

Die LTD-Helicopters hat in den letzten Monaten die Sparte Verbindungsflüge besonders stark ausgebaut. So fliegt LTD beispielsweise von einer Landbasis in Ägypten technisches Personal von Mineralölgesellschaften zu verschiedenen Bohrinseln im Golf von Suez. Diese Einsätze werden täglich flugplanmäßig das ganze Jahr hindurch

geflogen. Die umfangreichen Erfahrungen, die LTD-Helicopters bei diesen Arbeiten gesammelt hat, sind auch bei der Planung und Durchführung von Zwischenwerks-Verkehr für Firmen von erheblichem Vorteil.

Die Reisegeschwindigkeiten mit der Alouette II betragen 160 km/h, mit der Gazelle 255 km/h und mit der größeren Alouette III ca. 200 km/h. Dabei können Reichweiten von rund 500–700 km (Gazelle) erzielt werden. Von Stuttgart aus benötigt man mit der Gazelle ca. 15 Min. bis nach Baden-Baden, 30 Min. nach Straßburg, ca. 40 Min. nach Vaduz und ca. 65 Min. nach Bonn. Wobei man sich oft direkt von Haus zu Haus fliegen lassen kann.

Die Kosten liegen zwischen 750,– DM und 1500,– DM je Maschine und Flugstunde, abhängig von Typ und Rabattstaffel, die bei einer Abnahme von 50 Stunden und mehr pro Jahr gewährt wird. Mit dem Renommierpferd Gazelle kostet z. B. ein Kilometer 4,20 DM. Das sind pro Person 1,05 DM, wenn die Maschine voll mit 4 Personen ausgenutzt wird.

Genehmigungen von Landungen außerhalb von Flugplätzen, z. B. in Werksgeländen, werden kurzfristig von LTD-Helicopters bei den Behörden eingeholt.

Die Geschäftsführerin der LTD-Helicopters, Ina von Koenig, engagiert

sich außerdem seit vielen Jahren in der Luftrettung. Sie gründete den Verein S.O.S.-Flugrettung e.V., eine gemeinnützige Organisation, die Ambulanzflüge jeder Art durchführt.

Erst kürzlich bekam S.O.S-Flugrettung einen Alarmruf von einer großen deutschen Firma, deren Mitarbeiter in Nordafrika schwer verunglückte und dringend in eine Spezialklinik in Deutschland verlegt werden mußte. Dank der weltweiten Verbindungen dieses humanitären Vereins konnte dieser Verlegungsflug mit einem Facharzt und Sanitäter an Bord innerhalb von wenigen Stunden durchgeführt werden.

Der bislang weiteste Rettungseinsatz führte nach Yaounde/Kamerun. S.O.S.-Flugrettung flog nach einer Alarmierung durch das Auswärtige Amt die schwerverletzte Gattin des deutschen Botschafters mit dem berühmten Anästhesisten Professor Dr. Rudolf Frey von der Universitätsklinik Mainz an Bord in die Spezialklinik für Verbrennungen der Berufsgenossenschaft in Ludwigshafen.

Bei der Einzahlung von einem jährlichen Mindestbeitrag von 30,– DM pro Person oder 60,– DM / Familie (alle Kinder eingeschlossen bis zum 18. Geburtstag) auf das Kto. 20/05734 Deutsche Bank München erhält man einen Förder-Ausweis und eine Autoplakette. Jedes Fördermitglied genießt im medizinischen Notfall erhebliche Vergünstigungen und wird bis zu einem Betrag von 10 000,– DM kostenfrei transportiert.

LTD-Helicopters GmbH KG
Postfach 230 302
7000 Stuttgart 23 Flughafen
Telefon 0711/70 20 28
Telex: 7-255 371 heli d

S.O.S.-Flugrettung e.V.
Postfach 230 323
7000 Stuttgart 23 Flughafen
Telefon 0711/70 55 55
oder über 70 20 28
Telex über: 7-255 371

Diners Club Magazin, 1976

Quelle: Privatarchiv Ina v. Koenig

LTD
Luft-Transport-Dienst GmbH KG

7000 Stuttgart 23 Flughafen (F. R. Germany)
Postfach 230 302
Telefon (07 11) 70 20 28
Telex 7255 371 heli d
Telefon nach Geschäftsschluß !
Tel. after office hours: (07 11) 70 55 55

PRESSEMITTEILUNG

HUBSCHRAUBER ÜBERBRÜCKEN FLUGHAFENSCHLIESSUNG IN STUTTGART

Industrie macht bereits regen Gebrauch von dieser Flugmöglichkeit.

Stuttgart. Wenn in der Zeit vom 12. September bis 11. Oktober 1977 die Start- und Landebahnen des Stuttgarter Flughafens wegen Umbauarbeiten für die sonst regulären Linien- und Charterjets gesperrt bleiben und Schulze wie Meier von Frankfurt oder München aus Ihre Flugreise antreten werden, haben einige gewitzte Stuttgarter bereits einen Schwabenstreich dagegen ausgeheckt: Man fliegt mit dem Hubschrauber.

Schnell und bequem werden jetzt während der Zeit der Flughafenschliessung und danach Flüge ab Stuttgart mit dem Hubschrauber angeboten für Passagiere, die ohne Umwege nach wie vor ihren Zielflughafen ansteuern möchten. Denn: Hubschrauber sind die einzigen Fluggeräte, die vom Start- und Landeverbot in der Sperrzeit nicht betroffen sind.

Während viele Reisende über die langen und unbequemen Anfahrtswege nach Frankfurt oder München klagen, machen es andere dem Ministerpräsidenten oder so manchem Aufsichtsratsvorsitzenden gleich: Sie steigen in den Hubschrauber und lassen sich an ihren Zielflughafen fliegen. Besonders die Industrie bedient sich bereits in zunehmendem Masse dieser Flugmöglichkeit.

Der Flug mit dem Hubschrauber ist zwar noch ungewohnt, aber denkbar einfach: Das Luftfahrtunternehmen L-T-D Helicopters, Luft-Transport-Dienst GmbH KG in Stuttgart-Flughafen befördert jedermann einzeln oder in der Gruppe ab Stuttgart an viele Flugziele, die von Liniengesellschaften nicht angeflogen werden. Die Flughäfen Frankfurt, Strassburg oder Zürich zum Beispiel sind mit dem Hubschrauber in etwa einer Stunde zu erreichen.

Die Vorteile liegen klar auf der Hand: Schnelle und unkomplizierte Abfertigung, ein interessanter Flug, Hin- und Rückflugzeiten können individuell vereinbart werden, und man fliegt zudem noch als VIP. Wie die Geschäftsleitung der L-T-D Helicopters bekannt gibt, liegen für die Zeit der Flughafenschliessung bereits eine stattliche Anzahl an Flugbuchungen vor. Bisher kämen die Buchungen zwar vornehmlich aus dem gehobenen Management der Industrie, man wolle Hubschrauberflüge jetzt aber auch einem breiteren Publikum zugänglich machen.

Die L-T-D Helicopters hat jetzt ihre Möglichkeit auf dem Flugsektor verstärkt erkannt und für interessierte Fluggäste ein konkretes Angebot für eine Vielzahl von Flugstrecken ausgearbeitet, das angefordert werden kann. Die Flüge werden mit bestens bewährten und zuverlässigen Fluggeräten des französischen Herstellers Aérospatiale durchgeführt, speziell dem Typ Alouette 3, Alouette 2 und Gazelle. Die Alouette 3 beispielsweise wird auch international für Rettungsflüge eingesetzt.

Abdruck honorarfrei
Belegexemplar erbeten

Weiteres Informations- und Foto-
material steht zur Verfügung.

«LTD Helicopters» Pressemitteilung, 1977

Quelle: Privatarchiv Ina v. Koenig

Während der Flughafensperrung

Flüge im Helicopter

Wenn vom 12. September bis 11. Oktober der Stuttgarter Flughafen wegen Reparaturarbeiten an der Start- und Landebahn für den Flugverkehr geschlossen werden muß, wird es für eine kleine Gruppe von Fluggästen dennoch möglich sein, von Echterdingen abzufliegen — und zwar mit dem Hubschrauber. Die Stuttgarter Firma Luft-Transport-Dienst „LTD Helicopters" will während der Sperrzeit mit drei Hubschraubern einen sogenannten Bedarfsdienst nach Frankfurt, München und Zürich einrichten. Auf Wunsch der Passagiere werden aber auch Ziele wie Hamburg oder Amsterdam angeflogen. Wie LTD-Betriebleiter Spirandelli in Stuttgart bekannt gab, können die Helicopter seines Unternehmens drei bis sechs Passagiere befördern. Der Flugpreis richtet sich nach der Zahl der Passagiere und der Flugstunden.

So kostet bei voll besetzter Maschine ein Flug nach Frankfurt oder München durchschnittlich 100 Mark pro Fluggast. Nach Auskunft Spirandellis sind schon jetzt eine ganze Reihe von Flügen während der Sperrzeit ausgebucht.   tom

Zeitungsartikel, 1977

Quelle: Privatarchiv Ina v. Koenig

Flying Sea Pilots

Helicopter Demonstration at the Suez Canal

The red and white Aerospatiale Alouette 3 of the Stuttgart helicopter operator L-T-D Helicopters/Nordhelikopter lands as planned on the narrow embankment between the Suez Canal and the imposing building belonging to the Harbour Master at Port Tewfik, Egypt. In a broad ranged flying demonstration program the possibilities of Sea Pilot transfers and other specialized operations by helicopter were shown. Not only were important officials of the Suez Canal Authority and the city of Suez ending, but there were also many Sea Pilots themselves participating in the flying demonstration performed between the Harbour Masters' building and the ships.

The German helicopter operator, besides its flying operations on the North Sea, has been established in the Middle East for years providing support to offshore oil rigs of national and international oil firms. In addition to the regular scheduled transfer of oil rig personnel a transportation service for any type of cargo is provided. For cargo loads which are too heavy or too large to fit inside the cabin of the helicopter it is possible, and also normal, for them to be slung under the helicopter for air lifting to their destination. What is very important for the oil companies and the oil rig personnel is that the helicopter is also available for emergency rescue flights to the nearest hospitals. The type of helicopters presently in use are seven-seat SA 316 B Alouette 3's. While only certificated for VFR-flights (the first limited IFR-certification for this type was recently issued in France) these helicopters are nevertheless extensively equipped with navigation instruments and safety gear for flights over the sea.

Helicopter Sea Pilots —
Goodbye to the rope ladder!

As for no other type of aircraft new possiblities are always being found for the helicopter to exploit its capabilities. Sea Pilots, as an example, have been for ages riding harbour boats during their transfers to the ships which require their services. The increasing amount of ship traffic and their sizes have made it necessary to move the position of the Sea Pilot transfer further out to sea.

In a matter of seconds the Alouette will depart carrying its passenger for its rendezvous with the arriving ship in the Gulf of Suez

The trips for the Sea Pilots were therefore taking more time and were more troublesome. With a rough sea the boarding of a ship with a rope ladder is not only dangerous, but sometimes impossible.

a Wind Force of 10, which is about 55 knots. Helicopter transfers are suspended under icing conditions, heavy turbulence or excessive roll and pitch of the vessel served as long as these conditions prevail. Besides, helicopter

Dunking of the winch cable in the Sea —

is one of the many rules that must be observed during a Sea Pilot winch transfer. How does a Sea Pilot transfer sortie

The Helicopter in front of the Harbour Masters building in Suez. Emergency pop-out floats are standard equipment for offshore work.

The Alouette 3 as Rescue Helicopter. The machine can be outfitted in less than two minutes for the transport of injured persons on standard stretchers.

The first experiments using the helicopter for Sea Pilot transfers were undertaken many years ago. In Europe the first transfers were off the coast of Holland in 1969. Only in recent years though have transfers been made on a regular basis, such as in Rotterdam, the English coast, in South Africa, in Hong Kong and Melbourne. The Sea Pilot transfer service in the German Bight and in Le Havre were started in 1975 and 1976 respectively. There are numerous advantages to this modern method of pilot transfers — time and cost savings resulting from the comparatively brief engagement of the pilots are particularly noteworthy. Waiting periods for vessels are eliminated or at least significantly reduced, stopping of vessels to receive the pilot is no longer necessary. Helicopters with blind-flying capabilities are carrying out transfers on a 24-hour-basis.

Even with Wind Force 10.
What about the technical and meteorological requirements? For safety reasons the helicopter operator must meet and observe very stringent regulations from both aviation and marine authorities. The International Chamber of Shipping and Shell International for example, maintain extensive handbooks on helicopter/vessel operations, and the German Hydrographic Institute published criterion for the transfer of Sea Pilots with helicopters. Flights are normally carried out with winds up to

operations are subject to specific weather minima below which flights may not be conducted. To transfer the Sea Pilot to the awaiting ship the helicopter will either land on the ship and will let down the Sea Pilot with the helicopters winch. For landings on the ship or for the winch operations certain requirements must also be met by the ships. The above mentioned handbooks contain detailed specifications as to the size and equipment necessary for the different types and classifications of landing and winching areas. These directions not only ask for correct markings of the landing and winching areas, but also require that those areas also have obstruction warning lights, windsock, fire extinguishers and rescue equipment. Emergency procedures, radio contact with the helicopter, deck personnel and a deck marshaller who maintains hand signal contact with the helicopter are covered by these regulations. The necessary preparations and safety procedures will be maintained in a check list.
These include venting of tanks prior to the helicopters' arrival to minimize the build-up of gases, loose articles must be removed from the operating area, antennas require to be lowered. Deck transfer personnel will wear brightly colored clothing and protective helmets with chin straps.

come about? Arriving ships have been notifying the Harbour Master of their arrival time and the need of a Sea Pilot several hours ahead of time. The helicopter can reach the arriving ship, depending on its distance, in about 20 minutes flying time — the harbour boats in comparison need two to three hours, sometimes longer. The helicopter will after its takeoff contact the Harbour Master and the arriving ship to enquire about, among other things, its exact position for his approach to the ship. Before every winch operation the end of the winch cable will be lowered until it contacts the water so as to discharge any static electricity that may have built up in the helicopter. The helicopter positions itself in a hover of several meters over the deck and the Sea Pilot will be quickly lowered to the awaiting crew. Landing on the ship's deck are even easier since the Sea Pilot must only step out of the helicopter. Normally the helicopter will not wait on the ship for longer periods of time as the stopping of the engines or rotors is not allowed for several reasons: The rotor down-wash will disperse any gases that may have built up over the deck, high winds may prevent the reengagement of the rotors and in case of starting difficulties the helicopter will be forced to take an involuntary ocean voyage until the ship makes port.

Text and photographs: W. Spirandelli

Reprint "Flug Revue" 2/78

Quelle: Privatarchiv Uwe Heins

Ina von Koenig

10 Jahre Luftrettung

Dieser Tage kann die 1. Vorsitzende und Leiterin der S.O.S.-Flugrettung e. V., Stuttgart Ina von Koenig, auf zehnjährige Erfahrungen in der Luftrettung zurückblicken. Sie gilt wohl damit als Pionier dieser speziellen Rettungsart in der Bundesrepublik.

Vor zehn Jahren erhielt Ina von Koenig als Geschäftsführerin der Stuttgarter Gesellschaft Luft-Transport-Dienst (Ltd Helicopters) einen Hubschrauber-Charterauftrag des Deutschen Roten Kreuz in Bonn. Die dabei gewonnenen Erfahrungen und die Erkenntnis der Möglichkeiten, durch eine gut organisierte Luftrettungsbrücke die Überlebenschancen Verunglückter oder akut lebensgefährlich erkrankter Personen wesentlich erhö-

hen zu können, veranlaßten Ina von Koenig, sich von diesem Zeitpunkt an mit vollem Engagement dem Aufbau einer solchen Organisation zu widmen. Es bedurfte einer langen Vorbereitungszeit und zahlreicher Verhandlungen mit dem Deutschen Roten Kreuz, dem ADAC und vielen anderen Instutionen und Behörden.

Nach einer vierwöchigen Probezeit im August 1971, während der die LTD Helicopters einen Hubschrauber kostenlos

unter dem Namen Luftrettungswacht-Baden-Württemberg für die Allgemeinheit zur Verfügung stellte, wurde schließlich im September 1972 auf die Initiative von Frau von Koenig hin eine Luftrettungsorganisation gegründet. Sie leitete als geschäftsführendes Vorstandsmitglied ehrenamtlich die gesamte Aufbauarbeit und stellte in der Anfangsphase kostenlos Büro und Personal der LTD Helicopters zur Verfügung. Von diesem

Zeitpunkt an wurde auch der Großraum Stuttgart täglich von 7.30 Uhr bis Sonnenuntergang von einem Rettungshubschrauber betreut.

Am 19. Februar 1975 gründete Ina von Koenig den gemeinnützigen Verein S.O.S-Flugrettung e. V., Stuttgart, der sich ausschließlich aus Fördermitgliedschaften und Spenden finanziert. Durch die Initiativen von Ina von Koenig wurde Stuttgart damit eines der großen

Luftrettungszentren in der Bundesrepublik.

Heute vertrauen nicht nur im In- und Ausland verunglückte Bundesbürger der S.O.S-Flugrettung, auch prominente Ärzte nehmen die Rettungshubschrauber und Notarztjets gerne in Anspruch. Jüngstes Beispiel: vor wenigen Wochen brachte die S.O.S.-Flugrettung den Boxer Jörg Eipel aus einer Pariser Klinik in ein Berliner Krankenhaus.

Stadtanzeiger Böblingen, 17.03.1978

Quelle: Privatarchiv Ina v. Koenig

Berliner Senat prüft Einsatz von Rettungshubschraubern

Möglicherweise kommt in Spandau die Hilfe bald aus der Luft

Der Berliner Senat prüft gegenwärtig die Möglichkeit des Einsatzes von Rettungshubschraubern in Berlin. Dabei wird besonders an die westlichen Randgebiete der Stadt, vornehmlich Spandau und Wannsee, gedacht. Das bestätigte Innensenator Peter Ulrich gestern in der Fragestunde des Abgeordnetenhauses.

Der SPD-Abgeordnete Hans Nertsch hatte wissen wollen, ob die Zahl der Notarztwagen in Berlin über fünf hinaus erhöht oder statt dessen möglicherweise Rettungshubschrauber eingesetzt werden sollen. Bekanntlich ist der.für Spandau zuständige Notarztwagen im Klinikum Charlottenburg stationiert, während viele Stimmen einen eigenen Notarztwagen für den Bezirk Spandau fordern.

Innensenator Ulrich antwortete, daß die Prüfung, ob für Spandau ein weiteres, sechstes Fahrzeug beschafft werde, bis zum Herbst abgeschlossen sein soll. Darüber hinaus überlege man auch, ob bei Unfällen die Randgebiete Berlins nicht besser durch einen Rettungshubschrauber versorgt werden könnten. Ulrich teilte mit, daß dem Senat das Angebot eines westdeutschen Luftrettungsvereins vorliege, der einen britischen Hubschrauber mit einem Notarzt in Berlin stationieren wolle. Diese Idee werde gegenwärtig vom Senat geprüft.

Bisher stehen den Berliner Behörden·in Notfällen Hubschrauber der amerikanischen und britischen Streitkräfte zur Verfügung, die allerdings nicht zur Unfallrettungs-Bereitschaft nach westdeutschem Muster

Britische Soldaten demonstrieren der Berliner Feuerwehr die Rettungseinsatz-Möglichkeiten ihres Hubschraubers. (Foto: During)

eingesetzt werden. Wie das VOLKS-BLATT erfuhr, sieht der neue Plan dagegen vor, einen Zivilhubschrauber mit der erforderlichen alliierten Zulassung ausschließlich für diese Aufgabe an einem Berliner Krankenhaus zu stationieren.

Die auf dem Londoner Flughafen Gatwick beheimatete Hubschrauber-Fluggesellschaft Ferranti-Helicopters wäre bereit, ein entsprechendes Fluggerät in Berlin zu stationieren. Das Unternehmen verfügt über vier Maschinen des amerikanisch-italienischen Typs Agusta-Bell Jet Ranger sowie drei von Messerschmitt-Bölkow-Bjohm in Deutschland gebaute BO 105.

Die Betreuung des Rettungshubschraubers will die in Stuttgart beheimatete SOS-Flugrettung übernehmen, ein Verein, der ähnlich der Deutschen Rettungsflugwacht Rettungsflüge organisiert und unter anderem den Boxer Eipel zurück nach Berlin brachte.

Kommt es tatsächlich zur Stationierung eines Rettungshubschraubers in Berlin, so würden voraussichtlich die Krankenkassen — wie auch im Bundesgebiet — die Kosten für die einzelnen Einsätze übernehmen. Falls die Senatsprüfung positiv ausfällt, müssen allerdings noch die Alliierten entscheiden.

RAINER W. DURING

Spandauer Volksblatt, 07.04.1978

Quelle: Privatarchiv Ina v. Koenig

Rettungshubschrauber im Widerstreit der Meinungen

Flugrettungsverein als Initiator — Zurückhaltung bei Medizinern

Noch im Mai rechnet man bei der Innenverwaltung mit einer Entscheidung des Senats über die Stationierung eines Rettungshubschraubers in Berlin. Nach der Ankündigung Innensenator Ulrichs am Donnerstag vor dem Abgeordnetenhaus, wonach dieses Problem zur Zeit geprüft werde, meldete sich gestern der Initiator dieses Vorschlages, die „S.O.S.-Flugrettung e. V." aus Stuttgart, durch die Vorsitzende des Vereins, Ina von Koenig, zugleich auch Geschäftsführerin eines Hubschrauber-Transport-Dienstes, zu Wort. Sollte der Vorschlag vom Senat positiv beschieden werden, was offenbar gar nicht sicher ist, auch Frau von Koenig fördernde Berliner Mitglieder für ihren Verein, eigene Mittel, zahlungswillige Krankenkassen und — wie verlautete — einen Zuschuß von rund 200 000 Mark aus dem Landeshaushalt. Ein großer Sponsor steht schon zusätzlich bereit.

Frau von Koenig, offenbar überrascht von des Senators Auskunft, konnte gestern außer der Absichtserklärung noch wenig konkrete Angaben machen. Auch über das Finanzierungskonzept schwieg sie sich aus. Nach ihren Angaben würde der Betrieb eines Hubschraubers jährlich rund eine Million Mark kosten, in dieser Summe noch nicht enthalten sind aber die Aufwendungen für das ärztliche Personal. Die Idee eines Luftrettungsdienstes in Berlin würde von British Airways unterstützt, die über eine gemeinsame Unternehmenstochter geschäftlich mit der Firma Frau von Koenigs verbunden ist. Die „S.O.S."-Flugrettung" will, sollte ein Hubschrauber zur Rettung von Unfallverletzten und anderen Notfallpatienten eingesetzt werden, ein solches Fluggerät von einer englischen Hubschrauber-Fluggesellschaft mieten.

Der Chef der Berliner Feuerwehr, Landesbranddirektor Seidel, betrachtet einen möglichen Hubschrauber in Berlin nur als Ergänzung des Rettungswesens. Wichtig sei es zur Zeit, die fünf Notarztwagen komplett auszurüsten und eventuell einen sechsten anzuschaffen. Dies sei auch deshalb erforderlich, weil Hubschrauber kein Ersatz für Notarztwagen sein könnten, da sie nachts und bei schlechtem Wetter nicht starten können. Der mögliche Zeitvorsprung eines Hubschraubers gegenüber einem Notarztwagen lasse sich wahrscheinlich wieder einholen, wenn der Helikopter in der Innenstadt zu weit weg vom tatsächlichen Einsatzort landen müsse. Allerdings verwies Seidel auf positive Hamburger Erfahrungen, die auf Berlin übertragbar seien. Nach Angaben Frau von Koenigs sind 600 von 900 Einsätzen in Hamburg im Stadtgebiet erfolgt.

Kritik gegen den Vorschlag des Vereins „S.O.S.-Flugrettung" — der nicht identisch ist mit der Deutschen Rettungsflugwacht — wurde inzwischen auch aus der Gesundheitsverwaltung bekannt. Vor 14 Tagen wurde dort bei einer Besprechung mit Vertretern der Krankenhäuser, in denen Notarztwagen stationiert oder die bei dieser Stationierung unterversorgt sind, ebenfalls deutlich, daß die Priorität zunächst bei den Notarztwagen bleiben sollte, deren jährliche Kosten mit 500 000 Mark pro Fahrzeug die Hälfte der eines Hubschraubers betragen. Aus ärztlicher Sicht sei zudem zweifelhaft, ob bei der Altersstruktur der Berliner Bevölkerung — zum Beispiel Patienten mit Herzinfarkt — 31 Prozent der Fälle, in denen Notärztwagen alarmiert werden — ein Hubschraubertransport gut täte. Über 50 Prozent der von den Sonderfahrzeugen transportierten Personen sind zudem über 61 Jahr alt.

Auch schneller könnten die Hubschrauber kaum sein, heißt es bei den Medizinern, da beispielsweise ein Notarztwagen nach Kladow nur etwa 15 Minuten brauche; eine Zeitdauer, die bei einer Fahrt in die Innenstadt infolge des Verkehrs ebenfalls benötigt werde.

Sollte die „S.O.S.-Flugrettung" tatsächlich mit einem Hubschrauber — der vor allem für Flächenstaaten geeignet ist — nach Berlin kommen, würde auch hier der Konkurrenzkampf beim Millionengeschäft mit der Rettungsfliegerei beginnen. Denn die Flugrettung will dann auch im Ausland erkrankte Berliner in die Stadt zurückholen, was die Deutsche Rettungsflugwacht bereits seit Jahren macht. Bis dahin jedoch ist neben einer positiven Senatsentscheidung die Genehmigung der Alliierten nötig. Ende April soll die nächste Runde mit deren Vertretern stattfinden. ock

Der Tagesspiegel, 08.04.1978

Quelle: Privatarchiv Ina v. Koenig

„Ich lebe für die Hubschrauber"

Keinen Geringeren als Henri Dunant, den Gründer des Roten Kreuzes, hat sich Ina von König zum Vorbild genommen. Ihre „SOS-Flugrettung" in Stuttgart ist zur Stelle, wenn es um Leben und Tod geht.

In der Alarmzentrale der SOS-Flugrettung nahe dem Stuttgarter Flughafen geht es kurz nach Mitternacht rund. Eben empfing man einen Notruf von einem deutschen Techniker aus Kairo. Sein Sohn sei von einem tollwütigen Hund gebissen worden und brauche dringend das lebensrettende Antiserum, das in Ägypten so schnell um diese Zeit nicht erhältlich sei.

Ina von König, die Chefin der SOS, leitet die Aktion persönlich. Mit Hilfe ihrer Mitarbeiter und der gut geführten Kartei stellt sie innerhalb weniger Minuten fest, woher sie schnellstens das benötigte Serum eschaffen und auf dem L ege nach Kairo bringen kann. Telefone laufen heiß, Fernschreiber rattern durch die Nacht, Flugpläne werden gecheckt. Kaum eine Stunde ist vergangen, da rast ein Krankenwagen mit Blaulicht von einer Wiesbadener Klinik zum Frankfurter Rhein-Main-Flughafen, wo eine bereits abgefertigte Lufthansa-Maschine ihren Abflug verzögerte, um das Serum an Bord zu nehmen. In den frühen Morgenstunden können die Kairoer Ärzte das Serum in Empfang nehmen, das Kind ist gerettet.

Die Probleme der Flugrettung sehen jeden Tag anders aus: Da bricht sich in den Alpen ein Skifahrer den Halswirbel, da erkrankt in Mauretanien ein deutscher Entwicklungshelfer an Malaria und leidet an akutem Nierenversagen, da bekommt ein deutscher Urlauber in Irland einen Gehirnschlag, da kommt ein Notruf

Mit einer Helikopter-Vermietung fing es an. Aber dann verlegte sich Ina von König, die begeisterte Fliegerin ist, auf die Rettung von Menschenleben. Auch vom Nacht- und Wochenenddienst nimmt sie sich nicht aus, was ihr Lebensgefährte Michael (unten links) und ihr neunjähriger Sohn Alexander oft bedauern.

aus der Türkei, ein Baby habe eine Windpocken-Meningitis-Infektion und schwebe in Lebensgefahr.

Die Lösung solcher Probleme sieht oft ähnlich aus. Nachdem der Notruf in der Stuttgarter Alarmzentrale eingegangen ist, sucht die SOS-Flugrettung ein geeignetes Fluggerät (ein zweimotoriges Flugzeug mit Druckkabine, einen zweistrah-

ligen Jet für Langstreckenflüge oder einen Hubschrauber), das mit aller notwendigen medizinischen Ausrüstung und einem Notarzt an den Ort fliegt, den Patienten abholt und in eine Spezialklinik in der Bundesrepublik Deutschland bringt. Immer größere Bedeutung bekommt auch der Transport von menschlichen Organen für Transplantationen, von Blut-

konserven, Medikamenten, Seren, Spezialärzteteams und medizinischen Geräten. Gegründet wurde die SOS-Flugrettung von Ina von König, einer Frau, die sich ganz der Luftfahrt verschrieben hat. Ihre Passion für Flugzeuge und das Fliegen entwickelte sie schon in frühester Jugend. Ihr Vater, der Flugingenieur Hans Audorff, nahm sie schon

Skala Magazin Nr. 12, 1979

Quelle: Privatarchiv Ina v. Koenig

Z 5918 E

mittelständische
wirtschaft

Magazin für Selbständige · DM 6,80 · 6/Juni 1980

Ina von Koenig
Das Helikopter-Imperium

Mittelständische Wirtschaft, Ausgabe 6/Juni 1980

Quelle: Privatarchiv Ina v. Koenig

Flugrettung im Aufwind

Noch steht der Begriff „Flugrettung" nicht im Duden, aber vieles spricht dafür, daß sich das mit der nächsten Auflage ändert: Ina von Koenig will ihrem „Hobby", der S.O.S.-Flugrettung, künftig noch mehr Energien widmen. Eine auf den ersten Blick reichlich kühn erscheinende Prognose, deren Kühnheit sich im Gespräch mit Ina von Koenig über deren Karriere als Unternehmerin freilich schnell verflüchtigt.

Ina von Koenig will der S.O.S.-Flugrettung künftig noch mehr Energien widmen.

Die Idee, Fluggerät im allgemeinen und Hubschrauber im speziellen für die Rettung von Menschenleben einzusetzen, hat die Entwicklung ihrer Luft-Transport-Dienst GmbH KG von Anfang an begleitet. Als sie noch nicht über eine eigene Luftflotte verfügte, sondern Hubschrauber von Stuttgart aus makelte, griff der damalige Bundesverkehrsminister Georg Leber 1968 ihre Idee auf: Zusammen mit dem Deutschen Roten Kreuz erhielt sie den Auftrag für eine Erprobung des Rettungswesens auf dem Luftweg.

Dieser erste Ansatz führte nicht zum Erfolg, das DRK scherte aus. Neue Gespräche mit anderen Partnern wurden geführt, so beispielsweise mit dem ADAC. Unterdessen geriet LTD-Helicopters in den Aufwind: Seit 1969 konnte Ina von Koenig eigenes Fluggerät anschaffen, die Zusammenarbeit mit dem Elektrizitäts-Versorgungsunternehmen entwickelte sich zu einer kontinuierlichen Kooperation, Auslandseinsätze zeichneten sich ab.

Es charakterisiert die Unternehmerin vielleicht am besten, daß sie trotz dieser Erfolge von ihrer Lieblingsidee, in einem nach Meinung vieler für eine Frau nicht gerade zimperlichen

Gewerbe, nicht abließ. 1972 war sie maßgeblich an der Gründung der ersten deutschen Luftrettungsorganisation beteiligt. Aber der erfolgsgewohnten Unternehmerin waren die ersten Gehoder besser Flugversuche nicht zielstrebig genug. Sie schritt zur eigenständigen Tat: Im Februar 1975 gründete sie mit 100.000 DM aus ihrem kommerziellen Unternehmen abgezweigten Betriebskapital den gemeinnützigen Verein SOS-Flugrettung e.V.

Für die Finanzierung wählte sie den mühevollsten Weg überhaupt – Spenden –, was lediglich einmal mehr beweist, daß sie Überzeugungskraft für eine ihrer Stärken hält. Auf über 30.000 Mitglieder ist der Förderkreis unterdessen angewachsen. Für einen Förderbetrag von 30 DM pro Person und Jahr kann eine Hilfeleistung bis zu 25.000 DM jährlich in Anspruch genommen werden. Der Familienförderbeitrag von 60 DM schließt die Hilfe für alle Familienmitglieder mit ein. Weltweit und in unbegrenzter Höhe kann man sich mit einem Förderbeitrag von 90 DM absichern. Daneben gibt es besondere Arrangements für Firmen.

Für besonders wichtig hält Ina v. Koenig heute den Ausbau des Hubschraubernetzes in unterversorgten Gebieten. Jüngster Erfolg: Stationierung des S.O.S.-Rettungshubschraubers Christopher Friesland am Nordwest-Krankenhaus in Sanderbusch.

„Wissen Sie", meint sie zum Abschluß des Gesprächs, „Alice Schwarzer zum Trotz halte ich den Flugrettungsdienst für eine Frau für angemessener als das ganze Geschäft des Lufttransports. Ich werde mich in Kürze ausschließlich dieser Aufgabe widmen." Noch Zweifel, daß der Duden ein neues Stichwort aufnehmen muß? *j.s.*

gen erlitten. Der Flug kostete fast 70.000 Mark.

Mittelständische Wirtschaft, Ausgabe 6/Juni 1980

Quelle: Privatarchiv Ina v. Koenig

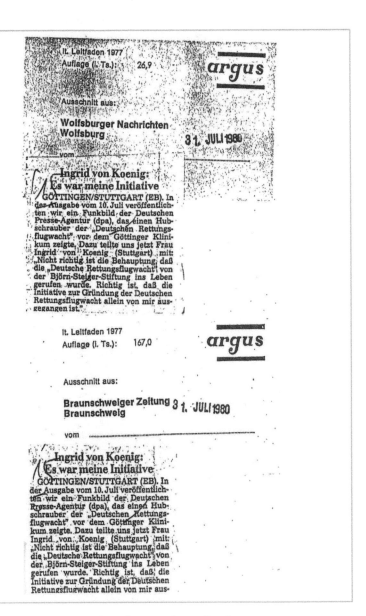

lt. Leitfaden 1977
Auflage (l. Ts.): 26,9

argus

Ausschnitt aus:

Wolfsburger Nachrichten
Wolfsburg

vom

3 1. JULI 1980

Ingrid von Koenig:
Es war meine Initiative

GÖTTINGEN/STUTTGART (EB). In der Ausgabe vom 10. Juli veröffentlichten wir ein Funkbild der Deutschen Presse-Agentur (dpa), das einen Hubschrauber der „Deutschen Rettungsflugwacht" vor dem Göttinger Klinikum zeigte. Dazu teilte uns jetzt Frau Ingrid von Koenig (Stuttgart) mit: „Nicht richtig ist die Behauptung, daß die „Deutsche Rettungsflugwacht" von der Björn-Steiger-Stiftung ins Leben gerufen wurde. Richtig ist, daß die Initiative zur Gründung der Deutschen Rettungsflugwacht allein von mir ausgegangen ist."

lt. Leitfaden 1977
Auflage (l. Ts.): 167,0

argus

Ausschnitt aus:

Braunschweiger Zeitung
Braunschweig

3 1. JULI 1980

vom

Ingrid von Koenig:
Es war meine Initiative

GÖTTINGEN/STUTTGART (EB). In der Ausgabe vom 10. Juli veröffentlichten wir ein Funkbild der Deutschen Presse-Agentur (dpa), das einen Hubschrauber der „Deutschen Rettungsflugwacht" vor dem Göttinger Klinikum zeigte. Dazu teilte uns jetzt Frau Ingrid von Koenig (Stuttgart) mit: „Nicht richtig ist die Behauptung, daß die „Deutsche Rettungsflugwacht" von der Björn-Steiger-Stiftung ins Leben gerufen wurde. Richtig ist, daß die Initiative zur Gründung der Deutschen Rettungsflugwacht allein von mir aus-

Gegendarstellung von Ina v. Koenig
Wolfsburger Nachrichten und Braunschweiger Zeitung, 31.07.1980

Quelle: Privatarchiv Ina v. Koenig

6. März 81

Kommt auf Bohrinseln im Golf von Suez zum Einsatz: Der zwölfsitzige neue Hubschrauber Dauphin 2 der Baden-Badener Firma Heli-Air.

Dauphin 2: Das neue Prunkstück der Baden-Badener Firma Heli-Air

Ein flotter Flieger nach Nahost

Investition von drei Millionen Mark / Auf Bohrinsel-Einsätze spezialisiert

Von unseren Redaktionsmitgliedern Josef Karcher und Wolfgang Breyer (Fotos)

Ausschnitt aus dem **BADISCHEN TAGBLATT** *Baden-Baden*

Uwe Hans steht ein Abenteuer bevor. Für seine Firma nimmt er fast jedes Risiko in Kauf, er geht nämlich gerne in die Luft. Mit der neuesten Errungenschaft der Heli-Air fliegt er von Baden-Oos nach Ägypten. Drei Tage mit dem Hubschrauber, eigens für die lange Route mit einem Zusatztank ausgestattet.

Am Golf von Suez kommt die knapp drei Millionen Mark teure Neuerwerbung zum Einsatz. Offshore-Fliegen heißt die Tätigkeit, bei der es auf große Genauigkeit ankommt. Auf Bohrinseln zu landen, erfordert einiges an Präzision. Ermüdete Öl-Arbeiter werden abgeholt, durch frische Kräfte ersetzt.

Die Baden-Badener Firma, Jahresumsatz zehn Millionen, hat sich darauf spezialisiert. Kein Wunder, der Markt floriert. 16 perfekte Piloten mit vielen Fertigkeiten, die Mehrzahl sammelte ihre Erfahrungen bei der Bundeswehr, stehen auf dem Sprung. Vier Wochen Arbeit, vier Wochen Urlaub – das hört sich locker an, doch der Job verlangt schon harte Männer.

Techniker werden ebenso viele beschäftigt. Spitzenkräfte, die einen Hubschrauber binnen drei Monaten vollständig zerlegen und wieder so zusammensetzen, daß die Maschine so gut wie neuwertig ist. Ohnehin bedürfen die Fluggeräte einer peinlich genauen Überwachung. Safety first.

Auf das neue Prunkstück ist man besonders stolz: eine Dauphin 2 der französischen Firma Aerospatiale. Mit zwei Turbo-Triebwerken von je 680 PS ausgestattet, bringt es dieser flotte Flieger auf eine maximale Reisegeschwindigkeit von 252 km/h. Ein weiterer Pluspunkt: 14 Personen finden Platz, das spart viel Zeit. Die Piloten konnten sich in der Zwischenzeit schon zahlreicher Probeflüge mit „dem Gerät familiarisieren", und anfreunden. Man schätzt die kraftvolle Maschine und ihre hohen Leistungsreserve, sie ist relativ leise und – wegen der zwei Turbinen – ebenso sicher wie präzise durch die Luft zu bewegen. Immerhin, der hurtige Hubschrauber muß sehr viel leisten, und dies bei extremen Witterungsverhältnissen.

Die Ooser Heli-Air, eine hundertprozentige Tochter der LTD-Helicopters (LTD) steht schlicht für Luft-Transport-Dienst), rechnet sowieso aufgrund weltweit gestiegener Ölpreise mit verstärkten Bohrungen der Gesellschaften, und damit steigt auch der Bedarf für Materialflüge, Mannschaftstransporte und Lotsen-Versatz-Dienste. So gesehen, soll sich auch die Investition für die Dauphin 2 lohnen. Heli-Geschäftsführer Dr. Franz Josef Busse sagt: „Finanziell ein ganz schöner Brocken." Man sieht sich als mittelständisches Unternehmen, das vor einem Jahr von Stuttgart diesseits an die Oos zog, weil hier die Rahmenbedingungen besser sind. Der Flugplatz sei gerade richtig, klein, überschaubar und nicht zu stark frequentiert.

Bohrinsel-Einsätze bedeuten nur ein Bein der Heli-Air. Der deutschen Energiewirtschaft wird außerdem die Überwachung von Stromleitungen und Pipelines angeboten, zur Erkundung von neuen Trassen fliegt man die entsprechenden Gebiete ab. Ein weiteres Beispiel für die Präzisionsarbeit der Piloten: Werden neue Hochleitungen verlegt, fliegen sie die Vor-Seile ein. Der Rekord ist beachtlich: 6,8 Kilometer war das längste Stück.

Seit 15 Jahren besteht das Unternehmen, das zu den führenden auf dem Weltmarkt zählt, in der Bundesrepublik gibt's eine Konkurrenz-Firma. Nur fliegen ist immer schöner. Und Glück gehört natürlich auch dazu: Vor sieben Jahren hatte man den einzigen schweren Unfall zu beklagen. Geschäftsführer Busse: „Sicherer als Autofahren."

Pilot Uwe Hans steht ein Abenteuer bevor. Er fliegt den neuen Heli-Hubschrauber binnen drei Tagen nach Ägypten.

Badisches Tagblatt, 06.03.1981

Quelle: Privatarchiv Ina v. Koenig

137

Sonderdruck aus der Zeitschrift:
Die Unternehmerin 1/81

Aufstieg mit einer Idee und viel Energie

Ina von Koenig (LV Württemberg) lenkt eine der größten privaten Hubschrauber-Gesellschaften der Bundesrepublik

Ina von Koenig, Stuttgart, startete nach Sprachenstudium ihr Berufsleben gleich als Unternehmerin: mit wenig Kapital, aber dafür um so mehr mit Phantasie, unermüdlicher Arbeit und einer für die 60er Jahre »verrückten« Idee, Hubschrauber als Passagier- und Lastentransporter kommerziell einzusetzen. Und eines hatte sie außerdem: die Liebe zur Fliegerei, mitbekommen vom Vater, einem heute pensionierten Flugzeugingenieur, der ihr als technischer Berater zur Seite steht.

Firmensitze? Baden-Baden, Stuttgart, Kairo und Adelsried bei Augsburg. Unternehmerische Arbeit im Viereck, wenn man fest stationierte Hubschrauberbasen nicht dazurechnet. Das allein sorgt schon für ein mehr als volles Arbeitsprogramm.

Was soll »verrückt« an der Idee gewesen sein, Hubschrauber kommerziell fliegen zu lassen? Ina von Koenig: »Jede Maschine kostet nicht nur eine runde Million in der Anschaffung, sondern auch viel Geld für die Wartung, kostet Piloten-Gehälter, hohe Versicherungen und Verwaltungsaufwand. So muß dann heute eine Flugstunde je nach Schwierigkeitsgrad des Einsatzes und Maschinentyp etwa zwischen 900 und 3 000 DM kosten. Das ist zweifellos viel Geld. Aber wenn man die richtigen Einsatzmöglichkeiten findet, dann bedeutet der direkte und schnelle Transport für Personen und Güter im Endeffekt sogar eine Zeit- und Kosteneinsparung«.

Konsequent widmete sich Ina von Koenig in den Aufbaujahren — und übrigens auch heute noch — dem Marketing. In den Anfängen sah das so aus: Makelei von Charter-Zeiten »vom Wohnzimmer aus«, Organisation von Rundflügen, Verkaufsstand auf Messen für Zubringer-Flüge zum Flughafen, Besuche bei Industrieunternehmen . . .

Den eigenen Flugschein machen? Dazu hat sie bis heute keine Zeit gehabt. Dafür hat sie jeden Tag neue Ideen, gibt Mitarbeitern neue Impulse, vergißt darüber auch Kleinigkeiten nicht, hat tatsächlich einen — von ihr zugegeben — viel zu langen Arbeitstag. Dazu gehören auch Gespräche in Ministerien und mit Chefärzten.

Das turbulente Geschäftsgeschehen und ein erhebliches soziales Engagement der Reihe nach: Drei kommerzielle Hubschrauber-Firmen bringen es mit 14 Hubschraubern und 40 Mitarbeitern auf einen Jahresumsatz in Millionenhöhe. Damit verfügen Ina von Koenig und ihre Bereichsmanager über einen der größten privatwirtschaftlichen Hubschrauber-Parks der Bundesrepublik.

Bei der Firma LTD-Helicopters, Luft-Transport-Dienst, Baden-Baden, Flughafen Oos, 1966 gegründet, ist Ina von Koenig geschäftsführende Gesellschafterin. Die Firma Heli Air faßt alle ausländischen Aktivitäten außer Ägypten zusammen. Heli Air Egypt ist eine Aktiengesellschaft mit 25prozentiger ägyptischer Beteiligung. Chairman: Ina von Koenig.

In der Bundesrepublik werden viele Überwachungsflüge für die Energiewirtschaft geflogen, Trassen-Erkundungen, kartographische Arbeiten, Lastentransporte, Montage-Einsätze, Kamera- und Versorgungsflüge. Und nicht zuletzt gehören auch schnelle Personentransporte zum Leistungsprogramm.

Für Reportageeinsätze von Journalisten ist die Firma LTD-Helicopters eine bekannte Adresse, ebenso bei Politikern und Wirtschafts-Führern. Heli Air Egypt fliegt in erster Linie Offshore-Einsätze zu den Bohrinseln der deutschen Gesellschaft Deminex.

Wie Ina von Koenig mit den Piloten und Technikern zurechtkommt? »Es sind durchweg Individualisten, harte Typen darunter, selbstbewußte Leute, die eben ihr Präzisionshandwerk verstehen und fliegerisch brilliant sind. Die Zusammenarbeit funktioniert hervorragend. Wahrscheinlich deshalb, weil ich mich da nicht einmische und ihnen die kaufmännische Seite erleichtere, ihnen mit Marketing-Ideen meist eine Nasenlänge voraus bin.«

Daß man mit einem Unternehmer-Naturell nie aufsteckt, sondern ein Schluß-

Engagement für die Flugrettung: Ina von Koenig

Die Unternehmerin 1/81

Quelle: Privatarchiv Ina v. Koenig

strich immer nur vorläufig ist, das hat Ina von Koenig in einem ernsthaften sozialen Engagement überdeutlich bewiesen. Sie gründete 1972 eine private Flugrettungs-Organisation als gemeinnützigen Verein, nachdem sie auf Kosten ihrer Firma LTD-Helicopters jahrelang mit Ministerien, Behörden, Organisationen des Rettungswesens Kontakte aufgebaut und sogar zu einem Langzeit-Versuch kostenlos einen LTD-Hubschrauber gestellt hatte. Sie ver-

Patienten 21 heute mit Sicherheit nicht mehr leben würden, wenn nicht die S.O.S.-Flugrettung zur Stellung gewesen wäre. Diese teuren Rückholflüge — ein Flug kostet im Schnitt 20.000 Mark — sind für S.O.S.-Mitglieder kostenlos, wenn sie kei-

men — nicht so prompt und zuverlässig innerhalb weniger Jahre zu einer der großen deutschen Rettungsorganisationen herangewachsen sein.

Der gemeinnützige Verein S.O.S.-Flugrettung zeigt etwas von der unternehmerischen Überzeugung der 1. Vorsitzenden. Denn die Flugrettung in der Bundesrepublik wird bisher noch zum Teil durch Einsätze der Bundeswehr und des Grenzschutzes getragen. Im Ernstfall jedoch

ne Versicherung haben, die für sie zahlt. Pflicht- und Ersatzkassen brauchen diese Flüge nicht zu tragen.

Die S.O.S.-Flugrettung stellt in Friesland auch einen Hubschrauber und Piloten, die, beim Nordwest-Krankenhaus in Sanderbusch bei Wilhelmshaven stationiert, Sofort-Einsätze im 50-km-Umreis fliegen. Mehr als 400 Einsätze waren es 1980 und etwa 40 Patienten, denen mit Sicherheit das Leben gerettet wurde. Bei allen anderen Rettungen wiegt das Argument

haben staatliche Organisationen andere Aufgaben als den lebensrettenden Dienst an der Zivilbevölkerung. Und sie haben in zu vielen Ländern der Erde keine Anflug-Chance. Deshalb plädiert Ina von Koenig für den weiteren Ausbau des Flugrettungswesens auf der Basis der zivilen Gemeinnützigkeit.

Und das dritte Kapitel, die Familie? Sohn Alexander (10) kommt selbstverständlich zu kurz. »Vielleicht aber doch nicht?« fragt

ließ diesen Verein und gründete 1975 in München die S.O.S.-Flugrettung e.V., heute in Stuttgart (Flughafen) beheimatet.

Mit mehr als 40.000 Mitgliedern gehört die S.O.S.-Flugrettung zu den großen Flugrettungsunternehmen in der Bundesrepublik. Ina von Koenig ist heute 1. Vorsitzende. Dieser gemeinnützige Verein ist ständig alarmbereit (Telefon 0711/705555), um medizinisch ausgerüstete Flugzeuge und Hubschrauber mit Arzt, Sanitäter und

schwer, daß die Sofort-Maßnahmen die Heilungszeit verkürzte.

Dieses Engagement — für das die 1. Vorsitzende nur einen Ehrensold erhält — kostet die Unternehmerin Ina von Koenig heute die meiste Zeit. Und es kostet die Firmen LTD und Heli Air auch einiges. Denn ohne den Rückhalt dieser beiden Firmen könnte die S.O.S.-Flugrettung — sie hatte 1980 einen Mitglieder-Zuwachs von mehr als 10.000 Personen und Fir-

sich Ina von Koenig. Denn mit allen Jungen seines Alters teilt er die Vorliebe für Technik. Und wenn seine Schulkameraden davon träumen, Lokomotivführer zu werden, so verkündet er stolz: »Ich werde Pilot!«

Intensivstation an Bord in alle Welt zu schicken und Verunglückte oder schwer erkrankte Personen in deutsche Kliniken zu fliegen. Die nüchterne Bilanz des Jahres 1980 besagt, daß nach Auffassung der Flugärzte von 105 intensiv versorgten

Die Unternehmerin 1/81

Quelle: Privatarchiv Ina v. Koenig

139

Eine Frau und zwölf Helikopter

Ina von Koenig nennt das größte Hubschrauber-Charter-unternehmen Europas ihr eigen. Mit der „zarten Frau im harten Männerjob" sprach Eva Dierauff.

„Stuttgart tower. This is Delta-Hotel – Eku – Viktor – Eku, request for helicopter landing information." Beide Kopfhörer fest ans Ohr gepreßt, verfolge ich gespannt den Funksprechverkehr zwischen dem Piloten und der Leitstelle Stuttgart bei seinem „straight in reproach" (Direktanflug) auf Stuttgart. An keine Landebedingungen, in keinen Warteraum verwiesen, knattern wir über das Flughafengelände, und schon „hovered die Heve".

Pliegerlatein. Hover Clearance bedeutet der Schwebeflug über die Parkposition. Im nächsten Moment sind wir unten, so sanft, als hätten die Kufen Samt und nicht harten Beton berührt. Der herrliche Flug im Bell Long Ranger ist zu Ende, und ich kann dem Satz „Die Hubschrauberei ist eine faszinierende Sache" voll zustimmen. Wer das sagte, mußte ich schließlich wissen. Ina von Koenig, zarte Frau im harten Männerjob, nennt das größte europäische Hubschrauber-Charterunternehmen ihr eigen. Der eindrucksvolle Trip durch die Luft war der Auftakt zu unserem Gespräch.

Die weiche, melodische Stimme dieser charmanten Erscheinung verrät nichts über das Geschäft, das diese Frau seit nunmehr sechzehn Jahren betreibt. Beim Hubschrauberlift auf die Skipiste von Chamonix kam der 22jährigen die Idee buchstäblich zugeflogen, „ob nicht auch in Deutschland mit Lufttaxen ein Geschäft zu machen sei." Denn „helicopters do it better", sie können mehr als sogenannte Flächenflug-zeuge. Clever wie sie ist, erkannte Ina von Koenig die Marktchancen, die sich aus diesen Vorteilen ergeben. Zäh und konsequent eroberte sie sich das Terrain. Heute hat sie mit 12 Helikoptern und siebzig Mann Personal die Hubschraubernase ganz vorn.

*

Der Anfang ihrer Unternehmerinnenkarriere sah allerdings nicht ganz so rosig aus. Die Annahme, daß die im Raum Stuttgart konzentrierte Industrie für die zunächst begonnene Vermittlung von Miet-Hubschraubern der richtige Ansprechpartner sei, erwies sich als unrichtig. Die Firmenbosse machten, vielleicht aus Gründen der sprichwörtlichen Sparsamkeit der Schwaben, nur sehr zurückhaltend von ihrem Angebot Gebrauch. Erst eine weitere Idee brachte ihrer Maklertätigkeit für die Senkrechtstarter Auftrieb. Mit zum Teil selbst gemalten Plakaten drehte sie bei Volksfesten, Kirchweihen und ähnlichen Spektakeln die Runden, bot den Veranstaltern für 1000 DM Pauschale (so viel kostete sie selbst eine Charterstunde plus Pilot) und 30 DM pro Ticket (ihr Gewinn) Rundflüge an. Unermüdlich beschwatzte sie die Festbummler und beförderte jeden, den sie überreden konnte, in die Luft, von der Marktfrau bis zur Oma. Ihre Erfolgskurve begann sich von der Talsohle abzuheben. 1966 gründete sie die LTD Helicopters, einen Luft-Taxi-Dienst in Bernhausen, nahe dem Stuttgarter Flughafen.

Fast so bequem wie mit der Eisenbahn können 6 Passagiere samt Gepäck im Bell Long Ranger reisen (oben), vor dem hier die charmante Hubschrauber-Chefin stolz posiert. Noch größer sind die „Arbeits-Helikopter" vom Typ Alouette, die für Offshore-Flüge eingesetzt werden oder auch schon mal Betonträge schleppen müssen.

Diners Club Magazin, 9/1981

Quelle: Privatarchiv Ina v. Koenig

140

Kräftigen Aufwind erhielt das junge Unternehmen, als Frau von Koenig 1967 die Lizenz für eine Hubschrauber-Kameraaufhängung aus Paris mitbrachte, die Fotografieren ohne „Wackelstreifen" erlaubte. Sie offerierte dieses Perfektionsgerät in Deutschland exklusiv, und von Stund an gaben sich Werbeagenturen, Filmgesellschaften, Kartographen und Vermessungsbüros bei der LTD ein Stelldichein. Die schwarzen Zahlen schraubten sich stetig nach oben, bis 1969 die Zulassung als Luftfahrtbetrieb die ausgestandenen Mühen belohnte.

*

Von der Energiewirtschaft kamen Aufträge zum Verlegen von Hochspannungsleitungen und zur Leitungskontrolle. Transporte ins Gebirge, Trassenerkundungen für die Bundesbahn und natürlich die rasche, jederzeit verfügbare Beförderung von prominenten und gewichtigen Persönlichkeiten schlossen sich an. Gleichgültig, ob Material, Showstars, Politiker oder sogar der Nikolaus pünktlich an Ort und Stelle zu fliegen waren – Ina von Koenig hielt alle Einsatzfäden fest in ihrer schmalen Hand. 1974 entstand die erste Tochtergesellschaft, die *Heli-Air* in Baden-Baden. 1975 gründete sie die *S.O.S.-Flugrettung* mit medizinisch ausgerüsteten Rettungshubschraubern. Im gleichen Jahr gelang ihr der große Coup: Von der *Deminex*, der Dachorganisation aller deutschen ölsuchenden Firmen, erhielt sie den Auftrag,

Diners Club Magazin, 9/1981

Quelle: Privatarchiv Ina v. Koenig

die Off-shore-Versorgungsflüge zu der deutschen Bohrinseln im Golf von Suez zu übernehmen. Mit der *Heli Air Egypt* schu sie die notwendige rechtliche Grundlage und in Ras Gharib und Hurghada die Hub schrauberbasen für die Erfüllung diese: Aufgabe.

Warum sie in die bis dahin unangetastete Domäne amerikanisch-britischer Branchenriesen eindringen konnte, läßt sich nui mit der typisch deutschen Zuverlässigkei und Sicherheit erklären, ohne die man be den mörderischen Bedingungen diese: Jobs kaum über eine der vierwöchigen Einsatzrunden kommt. Ina von Koenig hai diesen Turnus für ihre harten Burscher gewählt, damit der Erholungseffekt zu Hause auch greift. Denn der Monat in dei Wüste verlangt den Männern bei durchschnittlich 40 Grad Kabinentemperatui und fünf Stunden im Cockpit nicht nui Präzisionsarbeit und hohe Risikobereitschaft ab, sondern auch eiserne Gesundheit.

Zweimal täglich werden die Besatzungen auf den *rigs* (Bohrinseln) gewechselt. Das bedeutet alle zehn bis zwanzig Minuten eine Landung auf der winzigen Stahlfläche. Auch, wenn dabei der heiße Wind mit über sechzig Knoten bläst und Sandstürme keine Seltenheit sind.

*

Wie Ina von Koenig diese fliegerisch so brillanten Individualisten bei der Stange hält? Gewiß nicht nur mit lockendem Salär. „Die Jungs", sagte mir einer ihrer Leute, „gehen für sie durchs Feuer." Ihre äußere Erscheinung mag dabei ganz hilfreich sein – mehr noch ist es wohl die Tatsache, daß sie im permanenten Einsatz auch von sich selbst das Letzte fordert.

Aber nicht nur die ägyptische Crew akzeptiert gern ihre Order, auch die in Deutschland beschäftigten Piloten schnurren zufrieden für sie von A nach B, von Nord nach Süd. Zumal sich für die Zukunft der *LTD* mehr Silberstreifen am Horizont ausmachen lassen als schwarze Wolken. Denn je mehr bei uns das amerikanische „Time is Money"-Denken an Bedeutung gewinnt, umso mehr setzt sich die Erkenntnis durch, daß der Einsatz eines Drehflüglers auch aus wirtschaftlicher Sicht eine lohnende Sache sein kann, nicht zuletzt in der Personenbeförderung.

Und wie schon gesagt: Senkrecht in die Luft gehen ist allemal eine faszinierende Sache. Das Knattern stört dabei kein bißchen, schon gar nicht wenn es heißt: „Tower . . . this is Delta . . ."

Richtig-
stellung
durch Ina v.
Koenig

Aus Briefen an uns:

Das „größte Hubschrauber-Charterunternehmen Europas", wie Sie in Heft 9/81 schreiben, wären wir ganz gerne, denn welches Unternehmen möchte das wohl nicht sein? Tatsache ist, daß wir zwar in Deutschland eine bedeutende Rolle spielen, vor allem in Frankreich und England jedoch Konkurrenten haben, die noch größer sind als die LTD-Helicopters/Heli Air Baden-Baden. Ich bitte Sie, dies Ihren Lesern mitzuteilen – schließlich ist Korrektheit eben jene Eigenschaft, auf der unser guter Ruf beruht.

Ina von Koenig
LTD-Helicopters, Baden-Baden

Diners Club Magazin, 9/1981 und 10/1981

Quelle: Privatarchiv Ina v. Koenig

Helikopter für Kairo aus Baden-Baden

Baden-Baden (th). Die Heli-Air Hubschrauber GmbH, eine 100%-Tochter der LTD Luft-Transport-Dienst GmbH in Baden-Baden, hat jetzt einen neuen Hubschrauber des Modells Dauphin 2 des französischen Herstellers Aerospatiale in Dienst gestellt.

Der in der Bundesrepublik nach Firmenangaben erste, kommerziell genutzte Hubschrauber dieses Typs soll in der kommenden Woche nach Ägypten übergeführt werden, um dort Versorgungsaufgaben für weit vorgeschobene Ölbohrinseln auf offener See zu übernehmen. Das Unternehmen ist auf diese Art Flüge spezialisiert und betreibt über eine Ägyptische Tochterfirma dort bereits fünf Hubschrauber.

In der Bundesrepublik ist das Flugunternehmen vor allem in der Verlegung und Überwachung von Überlandleitungen engagiert und betreibt darüber hinaus Außenlasttransporte, Vermessungs- und Personenflüge. Der Jahresumsatz beträgt etwa 10 Millionen DM.

Ein mit zwei Turbinen ausgerüsteter neuer Hubschrauber des Typs Dauphin 2 soll die Flotte des Baden-Badener Hubschrauber-Unternehmens Heli-Air bei Transportflügen für Bohrinseln in Ägypten verstärken. — Bild: Hauser

Badische Zeitung, 06.03.1981

Quelle: Privatarchiv Ina v. Koenig

143

DIESER GROSSHUBSCHRAUBER vom Typ Dauphine 2 kann 14 Personen befördern und wird in der nächsten Woche zur Bohrinselversorgung im Golf von Suez eingesetzt.   Fotos: rei-

Bohrinselversorgung: 200 000 Fluggäste

rei-. Seit 1975 sind LTD/Heli-Air in Ägypten auf dem Sektor der Bohrinselversorgung tätig. In diesen knapp sieben Jahren wurden in mehr als 11 000 Flugstunden, bei rund 70 000 Starts und Landungen auf Bohrinseln, etwa 200 000 Passagiere ohne jeglichen Unfall transportiert. Auf diese Bilanz kann die Unternehmensgruppe mit Stolz zurückblicken, die 1979 in Kairo die Heli-Air Egypt gründete, um noch effektiver auf diesem Markt tätig sein zu können. Steil nach oben zeigt die Kurve der Flugstundenentwicklung. Waren es 1973 noch 500, so wurden im vergangenen Jahr bereits 5000 Flugstunden bei der LTD/Heli-Air registriert. In etwa gleichem Umfang stieg auch der Umfang der Hubschrauber-Flotte.

Besonders stolz ist die Unternehmensgruppe auf einen Auftrag aus Somalia, der ihr jetzt zugesprochen wurde und ab 1. Juni anläuft. Mit Hubschraubern der LTD wird das Verhalten des Webervogels erforscht, der jetzt, in der Brütezeit, sich kaum von seinem Nest entfernt. Das Verhalten dieser Vögel, das Wissen um ihre Gepflogenheiten, ist für die Somalier äußerst wichtig, denn sie werden zu den „Landplagen" gerechnet, deren Bekämpfung lebenswichtig für dieses Land ist. Die LTD erhofft sich aus dieser Aufgabe Nachfolgeaufträge um die Palette der Einsatzmöglichkeiten und Märkte weiter auszudehnen.

Badische Neue Nachrichten, 1982

Quelle: Privatarchiv Ina v. Koenig

Eine junge Frau dirigiert in Baden-Baden eine internationale Hubschrauberflotte

Als sie 20 war, wollte sie etwas „Gescheites und Interessantes" in ihrem Leben machen. Heute ist Ina von König 38 Jahre alt und Chefin einer international arbeitenden Hubschrauber-Vermietung mit 13 Maschinen und rund 70 Angestellten. „In der Golfregion machen wir rund 70 Prozent unseres Umsatzes und dort werden wir mit zunehmender Ölförderung weiter wachsen", meint die junge Unternehmerin optimistisch für die Zukunft ihres Betriebes mit Sitz in Baden-Baden. Weibliche Konkurrenz im harten Helicopter-Geschäft hat sie nach eigenem Wissen nur in England, wo auch eine Hubschrauberfirma von Frauenhand geleitet wird.

Angefangen hat alles, berichtet Frau von König, während eines Skiurlaubs in Chamonix. Dort kam ihr die kühne Idee, daß die Vermietung von Hubschraubern eigentlich ein zukunftsträchtiges Geschäft sein müsse. Freunde rieten der jungen Sprachenstudentin zu, es mit der Helicopter-Branche zu versuchen, die zu Beginn der 60er Jahre in Deutschland noch in den Kinderschuhen steckte. Zunächst eher als Hobby, dann immer professioneller versuchte Ina von König, bestehenden Hubschrauberfirmen Flugaufträge zu verschaffen.

Ihr erster Maklerversuch 1966 endete allerdings prompt mit einer Bruchlandung. Die „großen", berühmten Herren der deutschen Industrie" ignorierten schlichtweg das Angebot der jungen Damen, sich mit dem Helicopter als Lufttaxi zu Baustellen und zu Firmenbesuchen chauffieren zu lassen. Doch Frau von König ließ sich von dieser Enttäuschung nicht in ihrem Glauben an

die kleinen mobilen Senkrechtstarter beirren. Auf eigene Faust begann sie, bei Volksfesten Rundflüge mit gecharterten Hubschraubern zu organisieren. „Ich habe gearbeitet wie ein Marktschreier, selber kassiert, Plakate aufgehängt, Leute angesprochen. Auch wenn später nichts mehr lief, habe ich solche Rundflüge organisiert."

1969 war es dann soweit: Der erste eigene Hubschrauber, eine Alouette II, konnte gekauft und die

Ina von König ist eine erfolgreiche Unternehmerin   Foto: Melchert

„L-T-D Helicopters Lufttransportdienst" mit Hilfe von zwei finanzkräftigen Gesellschaftern gegründet werden. Den ersten Aufschwung erlebte die kleine Firma im Filmgeschäft. Die clevere junge Chefin hatte in Paris eine Kameraaufhängung entdeckt, die erstmals Luftaufnahmen aus Hubschraubern ohne Wackelstreifen möglich machte. Bald schon rissen sich die Filmleute um Flugtermine.

Mitte der 70er Jahre gelang es der Firma, ins internationale Ölgeschäft einzusteigen, mit Versorgungsflügen für Bohrinseln im Golf von Suez. Aufgabe der dort stationierten fünf Maschinen und ihrer im Vier-Wochen-Rhythmus wechselnden Piloten ist vor allem der Transport des Bohrinsel-Personals und eilig benötigter Güter. Eine weitere Spezialaufgabe, die Überwachung von Hochspannungsleitungen in der Bundesrepublik, ist nach den Worten von Frau von König „das zweite Standbein" der L-T-D.

„Meine Leute sind ein schwer führbares Völkchen, vor allem die Piloten", meint Frau von König auf die Frage nach ihrer Stellung in der Männerwelt der professionellen Fliegerei. Aus der Erkenntnis heraus, es als Frau „außerordentlich schwer" zu haben, delegierte die Firmenchefin einen großen Teil der Führungsaufgaben an männliche Manager und einen Prokuristen. Die dadurch freigewordene Zeit investiert Ina von König seit einigen Jahren in eine ebenfalls nicht alltägliche Beschäftigung für eine Frau: Sie gründete einen Verein, der weltweit Rettungsflüge für erkrankte oder verunglückte Menschen organisiert.

Schwäbische Post, Aalen	23.300
Neckarquelle, Villingen-Schwenningen	ohne Angabe
Haller Tagblatt, Schwäbisch-Hall	15.400
Tauber-Zeitung, Bad-Mergentheim	6.500
Hohenloher Tagblatt, Gerabronn	14.200
Gmünder Tagespost, Schwäbisch-Gmünd	ohne Angabe
09.04.1982 Kreiszeitung Böblingen	17.800

Mehrere Zeitungen berichteten im Januar 1982

Quelle: Privatarchiv Ina v. Koenig

Ein Beinbruch
kann lebens-
gefährlich sein.
Wenn er im
hintersten Winkel der
Welt passiert. Den
Deutschen Willi
Gschwendtner holte
die SOS-Flug-
rettung aus Afrika in
die Heimat zurück.
Es kostete ihn
keinen Pfennig

Hier Mogadischu – bit

BUNTE, Nr. 13, 25.03.1982

Quelle: Privatarchiv Ina v. Koenig

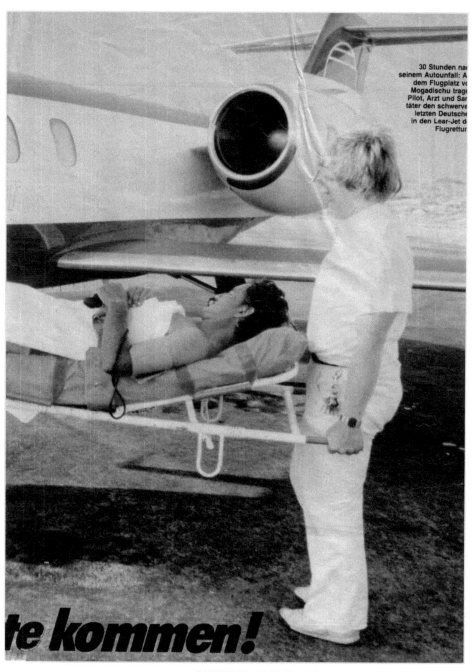

30 Stunden na
seinem Autounfall: A
dem Flugplatz v
Mogadischu trag
Pilot, Arzt und Sar
täter den schwerve
letzten Deutsch
in den Lear-Jet d
Flugrettur

te kommen!

BUNTE, Nr. 13, 25.03.1982

Quelle: Privatarchiv Ina v. Koenig

147

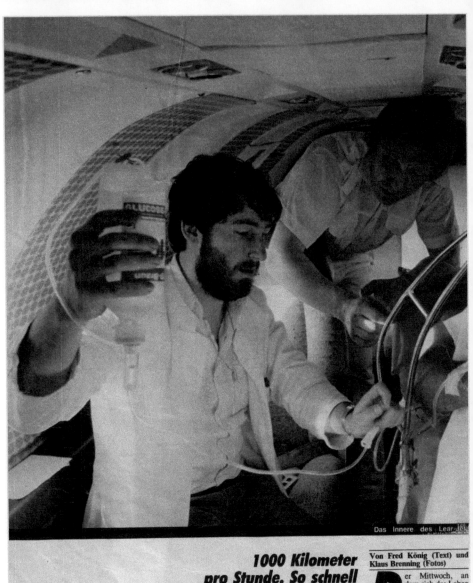

Das Innere des Lear-J...

1000 Kilometer pro Stunde. So schnell ist die schnellste Klinik der Welt

Von Fred König (Text) und Klaus Brenning (Fotos)

Der Mittwoch, an dem sich das Leben des 34jährigen Willi Gschwendtner so grundlegend änderte, begann eigentlich ganz normal. Morgens um neun Uhr steigt er in seinen Käfer, um eine Besorgungsfahrt zu erledigen.

BUNTE, Nr. 13, 25.03.1982

Quelle: Privatarchiv Ina v. Koenig

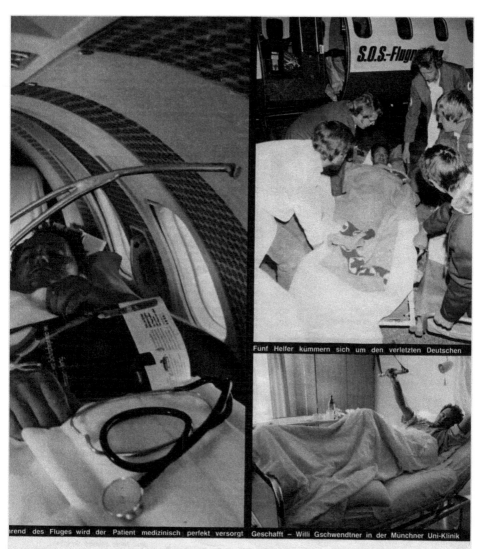

Fünf Helfer kümmern sich um den verletzten Deutschen

...rend des Fluges wird der Patient medizinisch perfekt versorgt   Geschafft – Willi Gschwendtner in der Münchner Uni-Klinik

Der stämmige Kfz-Meister aus Waldshut fährt auf der Vorfahrtsstraße, hält vorschriftsmäßig bei Rot an der großen Kreuzung. Als die Ampel auf Grün umschaltet, fährt er los. Und dann, zwei Sekunden später, ist seine Fahrt zu Ende: Der Käfer wird von einem Laster gerammt.

„Der Fahrer muß geträumt haben", erzählt Willi Gschwendtner später, „das war eine riesige Kreuzung mit einer übersichtlichen Ampelanlage."

Beim Zusammenstoß zerplatzen die Scheiben mit einem lauten Knall, der Käfer wird zertrümmert – Totalschaden! Der Kfz-Meister hängt eingeklemmt im Autowrack, sein Gesicht ist blutüberströmt. Er schreit vor Schmerzen.

Der Fahrer des Lastwagens begeht Fahrerflucht und wird später gestellt.

Bis hierher liest sich diese Geschichte wie der Report eines Unfalls, wie er sich auf deutschen Straßen fast täglich ereignet: Die Verletzten werden in die nächstliegende Klinik gefahren oder geflogen und bekommen dort eine erstklassige medizinische Versorgung.

Bei Willi Gschwendtner ist das jedoch anders. Sein Unfall passierte in Mogadischu, fünftausend Kilometer Luftlinie von Deutschland entfernt.

In Mogadischu – dort wurden 1977 in einer aufsehenerregenden Aktion die Geiseln des Lufthansa-Jets „Landshut" befreit – steht es mit der medizinischen Betreuung nicht gerade zum Besten. Da

Bitte umblättern

BUNTE, Nr. 13, 25.03.1982

Quelle: Privatarchiv Ina v. Koenig

na von König in einem ihrer 13 Helikopter

Die SOS-Alarmzentrale ist ständig besetzt

Für 90 Mark im Jahr kann Ihnen und Ihrer Familie gar nichts passieren. Egal, wo Ihnen etwas passiert

Fortsetzung von Seite 31

gibt es zwar Ärzte, aber die müssen in komplizierten Fällen oft kapitulieren. Es fehlt an Spezialkliniken, am geeigneten Gerät, an Fachwissen und an Erfahrung.

Als Willi Gschwendtner an diesem 3. Februar eine Stunde nach dem Unfall auf dem Behandlungstisch eines französischen Arztes liegt, erfährt er eine bittere Wahrheit.

„Die Kopfverletzungen sind nicht so schlimm", sagt der Arzt. Und fährt dann leise und ein wenig hilflos fort: „Aber Sie haben einen komplizierten Oberschenkelbruch. Den können wir hier leider nicht behandeln."

Willi Gschwendtner ist ein harter Typ, einer, der sich nicht so leicht unterkriegen läßt. Wer sich bei einer deutschen Firma für ein Vier-Jahres-Objekt nach Mogadischu verpflichtet, darf kein Weichling sein. So einer weiß ganz genau, was auf ihn zukommen kann.

Der Willi Gschwendtner wußte es auch. Nur – mit einem Unfall hatte er nicht gerechnet. Und deshalb wurde ihm bei den Worten des Arztes himmelangst. Die Aussicht, in einem somalischen Krankenhaus zum Krüppel „gesundgepflegt" zu werden, entsetzte ihn.

Doch während der 34jährige, den schier unerträgliche Schmerzen plagten, notdürftig versorgt wurde, liefen bereits die Telefondrähte heiß. Der Objektleiter in Mogadischu wußte, daß seine Firma bei der SOS-Flugrettung eine Versicherung abgeschlossen hatte, um schwer erkrankte Mitglieder aus dem Ausland nach Deutschland zu fliegen.

Am gleichen Tag, abends um 21 Uhr, klingelt in der Alarmzentrale der SOS-Flugrettung in Filderstadt bei Stuttgart das rote Telefon. Am anderen Ende: Gschwendtners Firma. Ein Sprecher berichtet von dem Unfall und bittet um schnellstmögliche Hilfe.

Die Alarmzentrale der Flugrettung ist rund um die Uhr erreichbar. Und jetzt telefoniert sich die Besatzung die Finger wund: Ein Lear-Jet mit kompletter medizinischer Versorgungsmöglichkeit wird gechartert, ein Arzt und ein Sanitäter müssen eingesetzt werden, das Besorgen von Überfluggenehmigungen gehört schon zur Routine. Die Alarm-Telefonliste der SOS-Flugrettung ist lang – da stehen notfalls auch Telefonnummern und Adressen von Kliniken und Ärzten drauf, die sich auf Brüche des kleinen linken Fingers spezialisiert haben.

Ein Uhr nachts am Stuttgarter Flughafen – der SOS-Lear-Jet startet in Richtung Mogadischu. An Bord: der Bundeswehrarzt Ekkehard Lukas und der Sanitäter Bernhard Katzmeier vom Deutschen Roten Kreuz in Nürtingen.

Inzwischen hat sich in die Rettungsaktion eine Frau eingeschaltet, die vor rund zehn Jahren die SOS-Flugrettung ins Leben rief. Ina von König heißt die Chefin dieses gemeinnützigen Vereins. Das 38jährige schwarzhaarige Energiebündel machte sich als Inhaberin einer eigenen Helikopterfirma einen Namen.

„Dreizehn Hubschrauber fliegen für mich", sagt sie stolz. Aber die SOS-Flugrettung ist ihr „soziales Engagement". Erfolgreiche Aktionen machen sie glücklich.

Der Lear-Jet muß dreimal zwischenlanden: in Athen, Luxor und Nairobi. Am nächsten Tag wird Willi Gschwendtner in den Lear-Jet geladen. Der französische Arzt wünscht ihm zum Abschied alles Gute.

Abends um 21 Uhr landet der Lear-Jet in München. Ein Wagen des DRK fährt den Verletzten in die Uni-Klinik. Dort wird am nächsten Morgen das Bein des Verletzten genagelt. Die Rückführung in die Heimat kostet rund fünfzigtausend Mark. Der Kfz-Meister zahlt dafür keinen Pfennig. Seine Firma hatte ihn und seine Familie versichert. Für 90 Mark im Jahr.

Die Kosten trägt die SOS-Flugrettung (Telefon 07 11 / 70 55 55). Und jedesmal, wenn eines der 45 000 Mitglieder erfolgreich nach Deutschland zurückgeflogen wurde, gibt Ina von König in der Alarmzentrale ein Fläschchen Sekt aus.

„Helfen können", sagt sie leise, „das ist ein unvorstellbares Glück." ∎

BUNTE, Nr. 13, 25.03.1982

Quelle: Privatarchiv Ina v. Koenig

„Lima Yankee" Montag in Ägypten

Großhubschrauber der LTD/Heli Air am Golf von Suez

rei-. Auf den Namen „Lima Yankee" taufte gestern vormittag auf dem Flugplatz Baden-Baden, Dr. F. Busse, Generalbevollmächtigter der in Oos, am Flugplatz ansässigen Luft-Transport-Dienst GmbH (LTD)/Heli-Air, die neueste Errungenschaft der Firma, einen Großhubschrauber vom Typ Dauphin 2, der bereits am Pfingstmontag in sein Einsatzgebiet nach Ägypten überführt wird. 3,5 Millionen Mark mußte die Firma für diesen 14sitzigen „Vogel" auf den Tisch blättern, der ab nächster Woche den Versorgungs- und Zubringerdienst für die Bohrinseln im Golf von Suez aufnehmen wird.

LTD Helicopters und deren Tochterfirma Heli Air haben sich seit sieben Jahren auf dem Sektor der Bohrinselversorgung mit Hubschraubern spezialisiert und das Haupteinsatzgebiet ist zur Zeit Ägypten, der Golf von Suez. Aus zwölf Hubschraubern bestand bisher die LTD/Heli Air-Flotte, doch die Kapazität reichte nicht mehr aus und so entschloß sich das Baden-Badener Unternehmen, diesen brandneuen zweiturbinigen Hubschrauber des französischen Herstellers Aerospatiale zu kaufen, der speziell für den Überwasserflug mit aufblasbaren Notschwimmern ausgerüstet ist und einen Aktionsradius von rund 700 Kilometern hat. Bei einer Reisegeschwindigkeit von rund 260 Stundenkilometer „frißt" der Helicopter stündlich 360 Li-

ter Flugbenzin. Rund 20 Stunden wird am Montag der Überführungsflug bis nach Kairo andauern und acht Zwischenlandungen sind nötig um nachzutanken.

Was ihn besonders auszeichnet ist seine Instrumentenausrüstung, die nach den Vorschriften des Instrumentenfluges durchgeführt wurde und es dadurch ermöglicht, Bohrinseln auch unter extrem schlechten Witterungsbedingungen aufzufinden und anzufliegen. Allein diese Schlechtwetterflugausrüstung kostete rund 400 000 Mark, gewährleistet jedoch noch größere Sicherheitsreserven. Die Dauphin 2 ist der erste zivile deutsche Hubschrauber mit dieser Instrumentenbestückung.

Die LTD Helicopter/Heli Air-Flotte wird von 22 der Firma angehörigen Piloten geflogen, die im Vier-Wochen-Rhythmus ihren Dienst versehen. Vier Wochen pendeln sie zwischen dem Festland und den Bohrinseln, um dann vier Wochen Urlaub zu machen. Ägyptische Co-Piloten, 14 Techniker und weiteres Personal bilden einen Stamm von rund 70 festangestellten Mitarbeitern. Rund 90 Prozent der Piloten kommen von der Bundeswehr und wie Dr. F. Busse in einem Pressegespräch erklärte, vollbringen sie Leistungen, die oft nur noch mit Idealismus zu erklären sind.

„Wir betrachten uns als ein kleines mittelständisches Unternehmen, das 1966 von Ina von König gegründet wurde", führte Dr. Busse weiter aus. Neben der Muttergesellschaft LTD-Helicopters gibt es die Tochter Heli Air und ihr angegliedert die Heli air Egypt. Nina von König rief auch die SOS-Flugrettung ins Leben, die ebenfalls mit der LTD-Helicopters verbunden ist. 1980 verlegte die Unternehmensgruppe ihren Sitz von Stuttgart nach Baden-Baden und von hier aus laufen nun die Fluggeschäfte in Nah-Ost.

In der Bundesrepublik gibt es noch zwei weitere Unternehmen dieser Art, die aber nicht auf dem Sektor der Bohrinselversorgung tätig sind, einem Geschäft, das 80 Prozent der Unternehmensaufträge abdeckt. Die restlichen 20 Prozent gliedern sich auf in Leitungsbefliegung, Trassenerkundigung, Außenlasten u. a. In Ägypten arbeiten LTD-Helicopters/Heli Air mit einem Festvertrag, einer Pauschale, wobei die einzelnen Flüge gesondert und entsprechend berechnet werden. „Nur auf diese Weise", so der stellvertretende Geschäftsführer Knut Wölfel, „kann diese Flotte rentabel gehalten werden".

Dr. F. Busse hofft auf eine kontinuierliche Auftragslage um die Investitionen der letzten Jahres zu rechtfertigen. „Bei dem Kauf der Dauphin 2 haben wir das Risiko abgewägt und dann doch ‚zugeschlagen', doch in Zukunft werden wir es schwer tun". So ist das Augenmerk auf neue Märkte gerichtet, doch der Kuchen entsprechender Aufträge, den sich größtenteils die fünf führenden Unternehmen dieser Art auf der Welt aufteilen, ist nicht groß. „Wir können nur durch Leistung auffallen, durch einen besonderen und speziellen Service", stellte Dr. Busse fest.

STANDESGEMÄSS mit Sekt taufte Dr. F. Busse gestern den neuesten Hubschrauber der LTD/Heli-Air auf den Namen „Lima Yankee".

Badische Neue Nachrichten, 20.05.1982

Quelle: Privatarchiv Ina v. Koenig

22. Dezember 1982

Reutlinger Generalanzeiger, Reutlingen

44.300

Von der Kirmesfliegerei ins Ölgeschäft

Mit Rundflügen in gecharterten Hubschraubern begann Irma von Koenig in den 60er Jahren im Luftfahrtgeschäft. Inzwischen ist ihre Flotte von 13 Hubschraubern nur noch zur Wartung am Boden, da die Maschinen auch im Ausland und in der Ölregion gesucht sind.   Funkbild: dpa

Die Idee kam auf der Skipiste

Junge Frau dirigiert eine ganze Hubschrauber-Flotte

Baden-Baden. (dpa) Mit Anfang 20 wollte sie »etwas Gescheites und Interessantes« in ihrem Leben machen. Heute ist Ina von Koenig 38 Jahre alt und Chefin einer international arbeitenden Hubschrauber-Vermietung mit 13 Maschinen und rund 70 Angestellten. »In der Golfregion machen wir rund 70 Prozent unseres Umsatzes und dort werden wir mit zunehmender Ölförderung weiter wachsen«, meint die junge Unternehmerin optimistisch für die Zukunft ihres Betriebes mit Sitz in Baden-Baden. Weibliche Konkurrenz im harten Helikopter-Geschäft hat sie nach eigenem Wissen nur in England, wo auch eine Hubschrauberfirma von Frauenhand geleitet wird.

Angefangen hat es alles, berichtet Frau von Koenig, während einer Abfahrt auf der Skipiste von Chamonix. Dort kam ihr die kühne Idee, daß die Vermietung von Hubschraubern eigentlich ein zukunftsträchtiges Geschäft sein müsse. Freunde rieten der jungen Studentin der Sprachen zu, es mit der Helikopter-Branche zu versuchen, die zu Beginn der 60er Jahre in Deutschland noch in den Kinderschuhen steckte. Zunächst eher als Hobby, dann immer professioneller versuchte Ina von Koenig, bestehenden Hubschrauberfirmen Flugaufträge zu verschaffen.

Ihr erster Maklerversuch 1966 endete allerdings prompt mit einer Bruchlandung. Die »großen, berühmten Herren der deutschen Industrie« ignorierten schlichtweg das Angebot der jungen Dame, sich mit dem Helikopter als Lufttaxi zu Baustellen und zu Firmenbesuchen chauffieren zu lassen. Doch Frau von Koenig ließ sich von dieser Enttäuschung nicht in ihrem Glauben an die kleinen mobilen Senkrechtstarter beirren. Auf eigene Faust begann sie, bei Volksfesten Rundflüge mit gecharterten Hubschraubern zu organisieren. »Ich habe gearbeitet wie ein Marktschreier, selber kassiert, Plakate aufgehängt, Leute angesprochen. Auch wenn später nichts mehr lief, habe ich solche Rundflüge organisiert.«

1969 war es soweit: Der erste eigene Hubschrauber, eine Alouette II, konnte gekauft und die »L-T-D Helicopters Lufttransportdienst« mit Hilfe von zwei finanzkräftigen Gesellschaftern gegründet werden. Den ersten Aufschwung erlebte die kleine Firma im Filmgeschäft. Die clevere junge Chefin hatte in Paris eine Kameraaufhängung entdeckt, die erstmals Luftaufnahmen aus Hubschraubern ohne Wackelstreifen möglich machte. Bald schon rissen sich die Filmleute um Flugtermine.

Mitte der 70er Jahre gelang es der Firma, ins internationale Ölgeschäft einzusteigen, mit Versorgungsflügen für Bohrinseln im Golf von Suez. Aufgabe der dort stationierten fünf Maschinen und ihrer im Vier-Wochen-Rhythmus wechselnden Piloten ist vor allem das Auswechseln des Bohrinsel-Personals und der Transport eilig benötigter Güter. Eine weitere Spezialaufgabe, die Überwachung von Hochspannungsleitungen in der Bundesrepublik, ist nach den Worten von Frau von Koenig »das zweite Standbein« der L-T-D.

»Meine Leute sind ein schwer führbares Völkchen, vor allem die Piloten«, meint Frau von Koenig auf die Frage nach ihrer Stellung in der Männerwelt der professionellen Fliegerei. Wegen der Erkenntnis, es als Frau »außerordentlich schwer« zu haben, delegierte die Firmenchefin einen großen Teil der Führungsaufgaben an männliche Manager und einen Prokuristen. Die dadurch freigewordene Zeit investiert Ina von Koenig seit einigen Jahren in eine ebenfalls nicht alltägliche Beschäftigung: Sie gründete einen Verein, der weltweit Rettungsflüge für erkrankte oder verunglückte Menschen organisiert.

Reutlinger Generalanzeiger , 22.12.1982

Quelle: Privatarchiv Ina v. Koenig

20. März 1983

SOS lady in Dubai

MRS Ina von Koenig, founder and chairman of the SOS Air Rescue Service of Stuttgart, is in Dubai to explore the possibility of introducing the air rescue service to individuals and companies here.

The aim of the SOS organisation is to bring back seriously ill or critically injured people from abroad to Stuttgart; and to improve air rescue work in West Germany. Founded in 1975, it has about 50,000 members around the world.

The air rescue service is financed entirely through contributions, most of which come from its members.

According to a Press release of Dubai Sheraton where Mrs Von Koenig is staying, the SOS lady is accompanied by the chief pilot of the organisation, Mr Juergen Malmberg.

Ausschnitt aus

Khaleej Times

Khaleej Times, 20.03.1983

Quelle: Privatarchiv Ina v. Koenig

Airport Journal Düsseldorf

3. Jahrgang – Ausgabe September 1983

Hier Bagdad – S.O.S.-Flugrettung – Bitte kommen!

Eine Meldung aus dem S.O.S.-Protokoll: Mit einem dramatischen Flug ins Ungewisse hat die S.O.S.-Flugrettung den Dachauer Monteur Helmut M. (34) aus einer lebensgefährlichen Situation im Nahen Osten befreit. Er war dort seit einem halben Jahr für eine Mannheimer Firma beschäftigt. Bei einem nicht selbstverschuldeten Unfall wurde er mit einem doppelten Schenkelhalsbruch ins Hospital der irakischen Armee eingelie-

(Fortsetzung Seite 2)

Airport Journal Düsseldorf, September 1983

Quelle: Privatarchiv Ina v. Koenig

Berliner Seniorenpost, Nr. 8, 08.08.1984

Quelle: Privatarchiv Ina v. Koenig

Geschenk-Idee der S.O.S.-Flugrettung

Quelle: Privatarchiv Ina v. Koenig

Mutter der Luftrettung

Seitdem Ina v. Koenig (wie es seinerzeit anscheinend auch Dr. h.c. Fritz Bühler in der Schweiz ergangen ist) von vielen Seiten jahrzehntelang bekämpft worden ist, arbeitet sie bis heute an einer Wiedergutmachung für die Schäden, die ihr von vielen Menschen, auch einigen Behörden und von der Konkurrenz (*die es in der Rettung nicht geben dürfte*) zugefügt worden sind.

Ihre Verdienste wurden nirgends mehr erwähnt. Es gab sie bei Aufzählungen gar nicht, obwohl sie es war, die seinerzeit unter viel Verzicht

- die heutige «DRF Luftrettung» – eine der beiden maßgeblichen Luftrettungsorganisationen in Deutschland und Europa – initiierte und in den ersten Jahren aufbaute,

- die erste Rückholversicherung in Deutschland einführte und

- vom 1. Tag der Gründung am 06.09.1972 einen Ambulanz-Jet anbot, was total neu in Deutschland war und so sehr gebraucht wurde,

- außerdem als 1. Vorsitzende einen 2. Verein - die «S.O.S.-Flugrettung» aufbaute.

Ina v. Koenig hatte damals geschätzt 30 Nachahmer!

Auch der Historiker Werner Wolfsfellner vom MedizinVerlag, München, der Ina v. Koenig einmal die *„Mutter der Luftrettung"* nannte und froh war, wie er sagte, *„endlich nach vielen Jahren die Wahrheit zu erfahren"*, änderte sich leider eines Tages.

Für die Männer der Branche war sie anscheinend einfach Luft.

Es gab jedoch eine Ausnahme!

Dr. jur. Peter Hennes war Ministerialrat im Mainzer Innenministerium. Er wurde für seine Verdienste und sein großes Engagement für die Weiterentwicklung des Rettungswesens mehrfach ausgezeichnet. Unter anderem fungierte er als Mitherausgeber des «Handbuchs des Rettungswesens».

Er erinnerte sich noch gut an den Testversuch, den Ina v. Koenig («LTD Helicopters») **bereits 1968** im Auftrag des DRK (Generalsekretariat, Bonn) unter der medizinischen Leitung von Prof. Rudolf Frey an der

Universität Mainz durchgeführt hatte und wie sie damals alle Polizei-stationen im Umkreis von 50 km um den Standort des Rettungshub-schraubers persönlich besucht hatte, um einen Vortrag über das neue Rettungsmittel „Hubschrauber" zu halten.

Dr. Hennes teilte dies dem Journalisten Jörn Fries vom Nachrichtenportal rth.info mit, sodass daraufhin – nach 36 Jahren Versenkung, in denen man Ina v. Koenig in der Luftrettungsbranche einfach ignorierte – das folgende Interview entstand. Ina v. Koenig meint bedauernd: *„Leider konnte ich Herrn Dr. Hennes für seine Freundlichkeit nicht mehr persönlich danken, da er 2020 mit 83 Jahren verstorben ist."*

Ihr Dank gilt auch dem Journalisten Jörn Fries, der durch seinen Artikel auf ihren großen Beitrag zur Entstehung der Luftrettung in Deutschland aufmerksam gemacht hat.

---

rth.info
Faszination Luftrettung

Sie sind hier: Startseite I News I Nachrichten

"Der Erfolg der zivilen Luftrettung hat viele Väter, aber nur eine Mutter" – Die Gründerin der DRF im Gespräch mit rth.info

31.07.2020

Neuhaus/SG (CH) :: Die zivile Luftrettung feiert in diesem Jahr ihr 50-jähriges Bestehen. Das Nachrichtenportal rth.info – Faszination Luftrettung hat das Jubiläum zum Anlass genommen, um in einer mehrteiligen Serie über die Luftrettung in den einzelnen Bundesländern zu berichten (siehe Link im Kontextbereich dieser News).

Darüber hinaus veröffentlichen wir in unregelmäßigen Abständen Interviews und Gespräche mit Zeitzeugen aus diesen spannenden fünf Jahrzehnten. Den Auftakt machte das Interview, das unser Korrespondent Jörn Fries Mitte Juli mit dem Luftrettungspionier Hans-Werner Feder aus Kassel geführt hat. Heute folgt sein Interview mit Ruth-Ingrid, genannt Ina v. Koenig.

Ina v. Koenig, die Gründerin der Deutschen Rettungsflugwacht e. V. (DRF), im Jahr 2019

Foto: privat

Frau v. Koenig hatte mit ihren Unternehmungen bereits Ende der 1960erjahre die Hubschrauberversuche des DRK in Mainz (1968; mit Alouette 3) tatkräftig unterstützt. Von Anfang September 1972 bis Mitte März 1975 im Vorstand der Deutschen Rettungsflugwacht e. V. (DRF) als "geschäftsführendes Vorstandsmitglied" tätig, gründete sie kurze Zeit später die S.O.S.-Flugrettung, wiederum als e. V. Diese Organisation ist noch heute im Bereich Organisation und Vermittlung von Rettungsflügen tätig (siehe Weblink im Kontextbereich dieser News).

Jörn Fries: Schön, dass Sie trotz Ihrer Aktivitäten die Zeit zu einem Interview mit rth.info gefunden haben und mit uns gemeinsam auf 50 Jahre zivile Luftrettung in Deutschland zurückblicken möchten. Wie war das damals im September des Jahres 1972, als auf Ihre Initiative hin die Deutsche Rettungsflugwacht als eingetragener Verein gegründet wurde?

Ina v. Koenig:

Die Gründung der Deutschen Rettungsflugwacht war meine Idee. Vorbild war die Schweizerische Rettungsflugwacht, die heutige REGA. Deshalb habe ich damals auch einen ähnlichen Namen gewählt. Ich habe seinerzeit fünf Jahre bis zur Gründung vorgearbeitet, die Gründungsmitglieder ausgewählt, diese besucht und für die Gründung gewinnen können.

Herrn Dr. Fritz Bühler, den Präsidenten der REGA, konnte ich sofort mit Begeisterung gewinnen. Herrn Siegfried Steiger, den ich insgesamt achtmal besuchen musste, um ihn für diese Idee zu gewinnen, habe ich die Position des 1. Vorsitzenden angeboten. Dr. Fritz Bühler wurde Stellvertreter des 1. Vorsitzenden. Außerdem wählte ich den Arzt Dr. Jan Zahradnicek von Daimler-Benz, den Hubschrauberpiloten Klaus Müller, den Industriellen Alexander Piltz mit eigenem Pilotenschein und

Flugzeug sowie den Flugunternehmer Günther Kurfiss als weitere Gründungsmitglieder. Für mich selbst habe ich die Position "geschäftsführendes Vorstandsmitglied" gewählt.

Durch die enge Zusammenarbeit mit dem Schweizer Pionier der Luftrettung Dr. Fritz Bühler konnten wir bereits am Tag der Gründung am 6. September 1972 – als erste Organisation in Deutschland – den Einsatz eines vollausgerüsteten Ambulanzflugzeugs mit Arzt und Sanitäter oder Krankenschwester anbieten. Den ersten Rettungsheli in Betrieb zu nehmen, dauerte etwas länger, weil wir ja anfangs kein Kapital hatten. Der kam erst im März 1973.

Für den Aufbau des anfänglich kapitalschwachen Vereins habe ich meine ganze Arbeitskraft eingebracht – ehrenamtlich und ohne Spesenersatz. Dazu unterstützte ich den Verein, wo ich nur konnte, auch finanziell durch Zurverfügungstellung von Büro, Telefon, Auto, Mitarbeitern ohne Bezahlung und brachte mein Knowhow als Hubschrauberunternehmerin ein, das damals sehr gebraucht wurde, wie sich herausstellte.

Insgesamt war diese Aufgabe für mich eine Herzensangelegenheit.

Fries: Die allerdings abrupt endete. Wie kam es dann zur Gründung der S.O.S.-Flugrettung, ebenfalls ein eingetragener Verein?

Koenig:

Schon wenige Wochen nach der Gründung der DRF wurde ich von Siegfried Steiger sehr bekämpft. Nachdem dieses Mobbing immer schlimmer wurde, bin ich am 11. März 1975 unter Protest und mit einem entsprechenden Schreiben aus der DRF ausgetreten und habe den gemeinnützigen Verein S.O.S.-Flugrettung ins Leben gerufen.

Als 1. Vorsitzende der S.O.S.-Flugrettung konnte ich meine Ideen schnell umsetzen. Es gelang mir so viele Mitglieder für den Verein zu werben, dass der Verein neben einem Bürohaus eine Bell 206 Long Ranger kaufen und einen Rettungshubschrauber in Sanderbusch bei Wilhelmshaven betreiben konnte. Sie kennen den Standort heute als ADAC-Luftrettungsstation "Christoph 26". Bei uns hieß er noch "Christoper Friesland".

> *Und die Mitgliederwerbung boomte, kann ich Ihnen sagen. Unsere*
> *S.O.S.-Autoplakette konnte ich eines Tages sogar in Dubai entdecken,*
> *wo ich erste Gespräche mit einflussreichen Scheichs führte.*

Fries: Ende der 1970erjahre entstand der Markt der Auslandskrankenversicherungen, Folge eines wegweisenden Urteils des Bundessozialgerichts aus dem Jahr 1977 zur Übernahme von im Ausland entstandenen Krankheitskosten durch die heimischen Krankenkassen [FRI: Urteil des Bundessozialgerichts Kassel vom 10.10.1978 (AZ: 3 RK 75/77)]. Welchen Anteil haben Sie daran?

Koenig:

> *Als wir ab September 1972 mit der DRF Ambulanzflüge anboten, haben die Krankenkassen medizinisch notwendige Repatriierungsflüge – wir nannten es damals Heimholungstransporte – mit dem Ambulanzjet oder auch mit einem Linienflugzeug aus dem Ausland zurück in die Heimat oder in eine Spezialklinik in der Regel nicht übernommen.*
>
> *Um für unsere DRF-Mitglieder notwendige Sekundärtransporte inklusive Auslands-Heimholung kostenlos anbieten zu können, wie dies in der Schweiz den so genannten "Gönnern" bereits zustand und auch weiterhin zusteht, musste ich eine Versicherung finden, die es damals in Deutschland nicht gab. Durch meine Kontakte zu Versicherungsmaklern konnte ich nach langem Suchen eine Versicherung aus London finden, die zunächst Rücktransport-Kosten bis zu 10.000 D-Mark deckte.*
>
> *Später wurden die gesamten Kosten übernommen, auch für Flüge aus Australien oder Neuseeland, die oft mehr als 200.000 D-Mark kosteten. Dieses Recht als Mitglied bei der DRF und später bei der SOS war damals einzigartig, und jeder, der auf Reisen ging, war gut beraten, die DRF bzw. die S.O.S.-Flugrettung als Mitglied zu unterstützen. Mit ein wenig Stolz kann ich schon sagen: Aufgrund dieser, meiner Realisierung der versicherten Heimholungstransporte habe ich eine neue Versicherungssparte ins Leben gerufen, die heute jeder Reisende in Anspruch nimmt.*

Fries: Verehrte Frau v. Koenig, ich danke Ihnen sehr für dieses erhellende Gespräch – und für die vielen anderen, die ich im Vorfeld dieses Gesprächs mit Ihnen führen durfte. Bleiben Sie gesund – wir sind gespannt, ob wir demnächst noch mehr von Ihnen hören dürfen.

Über rth.info und unser Themenspektrum

Wir vom Nachrichtenmagazin rth.info berichten ehrenamtlich über **Rettungshubschrauber**, also notfallmedizinisch ausgerüstete und besetzte Helikopter, die im **Rettungsdienst** eingesetzt werden. Hubschrauber sind wertvoll als Rettungsmittel, da sie schnell, wendig und unabhängig vom Straßennetz sind. Ebenso dienen sie zum eiligen Transfer von Intensivpatienten zwischen Kliniken.

Für die Luftrettung besteht ein dichtes **Standortnetz** – sowohl von *Rettungshubschraubern*, als auch von *Intensivtransport-Hubschraubern* für den Interhospitaltransfer (**siehe unsere Standortkarte**). Die **Standorte** werden von staatlichen und nichtstaatlichen Betreibern unterhalten. Die **ADAC Luftrettung** stellt die meisten zivilen Rettungshubschrauber in Deutschland. Die **DRF Luftrettung** betreibt auch besonders viele Luftrettungszentren in Deutschland. Ihr Vorgänger war die *Deutsche Rettungsflugwacht e.V.* – bis zum Wechsel von Name und Rechtsform (2008). Weitere wichtige Betreiber, darunter das **Bundesministerium des Innern** mit seinen Zivilschutzhubschraubern, stellen wir hier vor.

Hubschrauber ergänzen den Rettungsdienst am Boden in medizinischen Notlagen. Sie sollen nicht den Bodenrettungsdienst ersetzen, da Rettungshubschrauber nicht allwetterfähig sind. Luftretter unterscheiden mehrere **Einsatzarten**. Die wichtigsten sind *primäre Notfalleinsätze* an einem Einsatzort und sekundäre *Patiententransporte* von einer Klinik zur anderen. In der Luftrettung kommt komplexe **notfallmedizinische Technik** zum Einsatz, die u.a. Anaesthesie, Chirurgie, Innere Medizin und Pädiatrie abdeckt.

"Helicopter Emergency Medical Services", kurz *HEMS*, ist die englische Bezeichnung für *Luftrettungsdienst*. Der Assistent des **Notarztes** wird daher als **HEMS TC bzw. HEMS Crew Member** bezeichnet. Zahlreiche **Piloten** verdienen in der Luftrettung ihren Lebensunterhalt – für viele Fans ein Traumberuf. Die Betreiber setzen viele Flugstunden und Erfahrung voraus.

Der aktuell bedeutsamste europäische *Hubschrauberhersteller* ist **Airbus Helicopters** mit seinen Baumustern **H135**, **H145**, und weiteren. Der US-amerikanische *Hubschrauberhersteller* Bell hat mit den Baumustern **Bell 212**, **Bell 222**, **Bell 412**, die Luftrettung mit geprägt, aber seit ca. 2010 Marktanteile an Airbus Helicopters verloren. Beschreibungen weiterer Hubschrauber-Hersteller finden Sie in unseren Typentexten.

Alle Fachbegriffe...

---

rth.info, 31.07.2020

Quelle: https://www.rth.info/news/news.php?id=2139#content-zone – abgerufen am 18.01.2023

DRF Luftrettung vor 50 Jahren gegründet / Luftretter feiern 2023 Einsatzjubiläum

2022-09-05T10:57:29

Filderstadt (ots) -

Die DRF Luftrettung freut sich über einen runden Geburtstag. Am 6. September 1972 erfolgte die Gründung am Flughafen Stuttgart, im März 1973 startete der erste Hubschrauber zu einem Rettungseinsatz. Für 2023 plant die im Baden-Württembergischen Filderstadt beheimatete gemeinnützige Luftrettungsorganisation bundesweit und über das Jahr verteilte Veranstaltungen und Aktionen rund um das Thema Lebensrettung aus der Luft.

Weiterführende Informationen

"Wir haben uns dafür entschieden, das 50. Einsatzjubiläum im kommenden Jahr zu feiern", unterstreicht Dr. Krystian Pracz, Vorstandsvorsitzender der DRF Luftrettung. "Denn seit unseren Anfängen stehen die Menschen, unsere Patienten im Mittelpunkt all unseren Tuns, nicht wir als Organisation. Wenn wir auf fünf Jahrzehnte DRF Luftrettung zurück schauen, dann sind wir dankbar und stolz, dass wir diesen Weg gehen und so vielen Menschen helfen durften. Danken möchte ich an dieser Stelle allen Partnern und Weggefährten, die unsere Entwicklung zu einer der führenden Luftrettungsorganisationen Europas erst möglich gemacht haben. Hartnäckigkeit und der Glaube an den Sinn ihres Tuns zeichneten die Menschen aus, die DRF Luftrettung aufgebaut haben. Diese Tugenden haben wir uns erhalten, denn auch heute noch gehört es zu unserem Selbstverständnis, die Entwicklung der Luftrettung zum Wohle unserer Patienten konsequent voranzutreiben."

http://www.drf-luftrettung.de

Das Presseportal ist ein Service von news aktuell und die Datenbank für Presseinformationen im deutschsprachigen Raum.
www.presseportal.de

Meilensteine in der Geschichte der gemeinnützigen Organisation stellen beispielsweise die Indienststellung des bundesweit ersten Intensivtransporthubschraubers an der Station in München im Jahr 1991, die erstmalige Nutzung von Nachtsichtgeräten in der zivilen Luftrettung ab 2009 oder auch die Indienststellung 2015 des weltweit ersten Hubschraubers des Typs H145 dar.

Der Weg zur Gründung

Anfang der 70er-Jahre galt die Luftrettung in der Öffentlichkeit als unnötig, zu teuer und übertrieben. Selbst ein bodengebundener Rettungsdienst existierte praktisch nicht, es gab in den meisten Bundesländern keine einheitliche Notrufnummer, keine Notrufsäulen, kaum Rettungsleitstellen und nur wenige gesetzliche Regelungen - und keine Luftrettung. Mit zunehmender Massenmotorisierung stieg die Zahl der Verkehrstoten 1970 auf einen Rekord von fast 20.000 pro Jahr. Um dieser unhaltbaren Situation etwas entgegen zu setzen, wurde am 6. September 1972 die heutige DRF Luftrettung unter dem Namen "Deutsche Rettungsflugwacht e. V. German Air Rescue" - abgekürzt "DRF" - in Stuttgart-Echterdingen gegründet. Gründungsmitglieder waren Dr. med. h. c. Fritz Bühler, Ina von Koenig, Günter Kurfiss, Klaus Müller, Alexander Piltz, Siegfried Steiger und Dr. med. Jan Zahradnicek. Am 19. März 1973 leisteten die Luftretter im Großraum Stuttgart dann den ersten Einsatz ihrer Geschichte.

Heute setzt die DRF Luftrettung Gruppe an 37 Stationen in Deutschland, Österreich, Liechtenstein und der Schweiz über 50 Hubschrauber für Notfalleinsätze und den Transport von Intensivpatienten zwischen Kliniken ein, an 15 Standorten sogar rund um die Uhr. Neun Maschinen sind mit einer Rettungswinde ausgestattet. Alle Hubschrauber sind optimal für die Versorgung von Notfall- und Intensivpatienten ausgerüstet. Für die weltweiten Rückholflüge von Patienten werden eigene Ambulanzflugzeuge eingesetzt. Seit ihrer Gründung leistete die DRF Luftrettung über 1.000.000 Einsätze.

Weitere Fotos zum Download finden Sie hier: https://ots.de/D8iv4k

Pressekontakt:

DRF Luftrettung
Rita-Maiburg-Straße 2
D-70794 Filderstadt
presse@drf-luftrettung.de

Stefanie Kapp
T +49 711 7007-2202
stefanie.kapp@drf-luftrettung.de

Quelle: https://www.presseportal.de/pm/60539/5313101 abgerufen am 06.06.2023

50-Jahr-Jubiläum
Initiative von DRF-Luftrettung

Filderstadt/Zürich (BW/CH). Die „DRF Luftrettung" besteht am 06.09.2022 seit 50 Jahren. Zu diesem Termin gibt es viele Feiern, viel Lob und viel Freude – aber auch eine Frau, die nicht geehrt, nicht gefeiert und links liegen gelassen wird. Jene Frau, die mit viel Enthusiasmus und mit viel Verzicht den Verein seinerzeit aufgebaut hat. Der Umstand, dass es eine Frau war, die in dieser männerdominierten Rettungsluftfahrt-Branche die Idee hatte und diese auch umsetzte, mag wohl einer der Gründe für das allseitige Verschweigen dieser Pionierin sein. Es wäre dringend an der Zeit, Ina v. Koenig die verdiente Anerkennung für ihre Leistungen zukommen zu lassen, wie sie auch anderen Pionieren zuteil wurde.

Die Gründung des Vereins „Deutsche Rettungsflugwacht - German Air-Rescue (DRF) e.V.", heute kurz „DRF e.V. Luftrettung", wäre ohne Ina v. Koenig nie realisiert worden. Der Gründung gingen unzählige Erprobungen voraus, u.a.

• 1968 in Mainz sechs Wochen zusammen mit dem Generalsekretariat des Deutschen Roten Kreuzes unter der medizinischen Leitung des renommierten Professors Dr. Rudolf Frey, Universität Mainz

• 1971 in Stuttgart vier Wochen auf eigene Kosten unter der Schirmherrschaft von Ministerpräsident Dr. Hans Filbinger

Dieses große Jubiläum ist eine gute Gelegenheit für Ina v. Koenig, allen Beteiligten der „DRF Luftrettung" herzlich zu danken: Dem Management und allen Mitarbeitern, den mitfliegenden Ärzten und Sanitätern, dem technischen Personal sowie allen weiteren mithelfenden Personen in der Luft und am Boden. Sie alle tragen seit 50 Jahren täglich dazu bei, ihren lebensrettenden Auftrag zu erfüllen. Die Luftrettung ist eine überaus wertvolle Komponente eines leistungsfähigen Bevölkerungsschutzes in Deutschland.

„Ich habe viel Gutes bewirkt und werde doch seit 50 Jahren bekämpft".
So fasst es Ina v. Koenig kurz zusammen. Sie denkt an die vielen Hürden, die sie in 50 Jahren seit ihrer Gründungsinitiative 1972 zu überwinden hatte und wieviel Gegenwind sie bis heute für ihre damalige

Quelle: https://www.scholzverlag.de/mobilitaet_online.html?gruppe=4&jahr=2022&monat=9

Realisierung aushalten muss.

Eine Homepage ist zurzeit im Entstehen. Sie stellt die Entwicklungen dar, wie sie entgegen aller negativen Vorhersagen unbeirrt an den Erfolg ihrer Gründungsidee glaubte und am 06.09.1972 zur Gründung des Vereins einlud und neben ihren eigenen anspruchsvollen Aufgaben den Aufbau des Vereins übernahm.

Es wäre vielleicht an der Zeit, Ina v. Koenig die verdiente Anerkennung für ihre Leistungen zukommen zu lassen, wie sie auch anderen Pionieren zuteilwurde.

Die „DRF Luftrettung" besitzt heute einen ganz besonderen Stellenwert im Luftrettungswesen in Deutschland und darüber hinaus. Ina v. Koenig ist glücklich, eine so bedeutende großartige Organisation, die täglich Menschen in Not hilft und viele Leben rettet, seinerzeit ins Leben gerufen zu haben.

Text: Alois Gmeiner,
Fotos: Alois Gmeiner, Horst-Dieter Scholz

Entwurf einer Piloten-Figur für den DRF aus dem Jahr 1991. Leider wurde diese Figur aus der Moppel-Serie nie für die DRF-Luftrettung produziert.

Zur DRF-Luftrettung

Die „DRF-Luftrettung" besteht am 06.09.2022 seit 50 Jahren. Zu diesem Termin gibt es viele Feiern, viel Lob und viel Freude – aber auch eine Frau, die nicht geehrt, nicht gefeiert und links liegen gelassen wird. Jene Frau, die mit viel Enthusiasmus und mit viel Verzicht den Verein seinerzeit aufgebaut hat. Der Umstand, dass es eine Frau war, die in dieser männerdominierten Rettungsluftfahrt-Branche die Idee hatte und diese auch umsetzte, mag wohl einer der Gründe für das allseitige Verschweigen dieser Pionierin sein. Es wäre dringend an der Zeit, Ina v. Koenig die verdiente Anerkennung für ihre Leistungen zukommen zu lassen, wie sie auch anderen Pionieren zuteil wurde.

Es gibt über 60 Hubschrauber im In- und Ausland, die in den Farben Rot und Weiß gehalten sind. Zum Einsatz kommen Hubschrauber der Typen H145 D-2 / H145 D-3, EC 135 / H135. Die Hubschrauber des Musters Bell 412 wurden Ende 2015 ausgemustert.

Jahresbilanz 2021
Die DRF Luftrettung konnte durch insgesamt 881 Intensivtransporte von Covid-19-Erkrankten im vergangenen Jahr einen entscheidenden Beitrag dazu leisten, Kliniken am Kapazitätslimit zu entlasten.

Insgesamt wurden die Hubschrauber der DRF Luftrettung 37.834-Mal zu Notfalleinsätzen sowie Intensivtransporten alarmiert. Die Crews der beiden Ambulanzflugzeuge führten 242 Rückholungen durch. Die Learjet-Piloten flogen dabei 69 Länder an und legten eine Strecke von insgesamt 828.570 Kilometern zurück. Bei den Alarmierungsgründen zeigt sich ein weitgehend vergleichbares Bild zu den Vorjahren: Am häufigsten wurden die Besatzungen zu Patienten mit Herz-Kreislauf-Erkrankungen wie Herzinfarkt oder Schlaganfall gerufen sowie zu Unfällen und Stürzen. Die mit einer Rettungswinde ausgerüsteten drei Stationen setzten diese 118-Mal ein, um Patienten auch in schwer zugänglichem Gelände schnell notärztlich zu versorgen und auszufliegen.

Auszug aus dem DRF-Jahresberichte

Siku Rettungshubschrauber in 1:55, weitere Modelle gibt es von Schuco, Majorette, Roco und Revell

Quelle: https://www.scholzverlag.de/mobilitaet_online.html?gruppe=4&jahr=2022&monat=9

Pressemitteilung

VIP-Jubiläums-Event zum 50er der DRF-Luftrettung fand nun doch mit Gründerin und "Initiatorin" Ina von Koenig statt

Also doch: "Kleines Bekenntnis" zur eigenen Geschichte am 13.6.2023 in Stuttgart

Stuttgart (pts008/16.06.2023/10:00)

In wenigen Wochen erscheint ihr Buch mit wichtigen Informationen zu "ihrem" Lebenswerk. Buchtitel: "Ein Pionier der Luftrettung in Deutschland ist eine Frau! Ina v. Koenig".

"Mit Freude habe ich letztlich doch eine VIP-Einladung vom Vorstand der DRF-Luftrettung zum Jubiläums-Event anlässlich des 50. Geburtstages meines Babys erhalten", schmunzelt Ina v. Koenig. Sie war also am 13.6. 2023 in Stuttgart mit dabei, als die DRF-Luftrettung sich selbst und ihre Leistungen feierte, die ohne die tatkräftige Gründungsarbeit der Ina v. Koenig in den Jahren 1968 bis 1972 und den Anfangsjahren nach Gründung nicht die heutigen Dimensionen erreicht hätte.

Sie wurde auf der Veranstaltung nicht als die wahre Initiatorin des DRF, sondern als eines der Gründungsmitglieder begrüßt. "Ich habe mich an diesem Abend besonders über das Wiedersehen mit Gründungsmitglied Alexander Piltz gefreut. Ich hatte keine Zweifel, dass aus der DRF 'Deutsche Rettungsflugwacht' die heute so bedeutende Organisation entstehen würde, nachdem der erste Rettungsflug vor 50 Jahren in Stuttgart – den ich als Geschäftsführerin der DRF organisierte und managte – so erfolgreich verlaufen ist. Ich kann nur sagen, welch eine Freude", so Ina v. Koenig heute.

Bis zur Ehrenmitgliedschaft in der DRF-Luftrettung ist es noch ein hindernisreicher Flug

Warum der Initiatorin dieser grandiosen Idee zur Rettung hunderttausender Menschenleben nicht an diesem Abend die Ehrenmitgliedschaft angeboten wurde – ein Rätsel. Hat aber sicher mit der Bürokratie solch einer mittlerweile großen Organisation zu tun. Wiewohl sich auch der Chef der DRF Luftrettung, Dr. Krystian Pracz, gerne mit Ina v. Koenig vor einer Hubschrauber-Neuerwerbung fotografieren ließ.

Idee kam beim Skifahren und wurde zu einer großen Rettungsorganisation

1965 wurde die junge Ina v. Koenig zum Heli-Skiing in den Walliser Bergen in die Schweiz eingeladen. "Ich war gerade 21 Jahre alt geworden und alles war neu, aufregend und wunderbar. Wie sehr aber diese wenigen Tage mein gesamtes Leben beeinflussen würden, das ahnte ich damals noch nicht. Denn schon als der Hubschrauber zum Landeanflug ansetzte, um uns Skifahrer aufzunehmen, war es um mich geschehen. Mein Herz klopfte bis zum Hals, als ich einstieg und der Hubschrauber unter lautem Rotoren-Lärm abhob. Ich war sofort fasziniert von der Wendigkeit und von der Möglichkeit, punktgenaue Landungen durchzuführen. Ich werde nie den Moment vergessen, als ich damals auf dem Gipfel dieses Schweizer Berges stand und der Hubschrauber wieder abhob und ins Tal flog. Das war der Beginn meiner lebenslangen Faszination für Hubschrauber. Über ein Jahr danach gründete ich mein erstes Unternehmen, den Süddeutschen Luft-Taxi-Dienst (L-T-D), später die 'LTD Helikopters'", so Ina v. Koenig.

Am Anfang – und auch später – war es schwer als Frau

"Der Start der Luftrettung war mit vielen Risiken verbunden. Fakt ist, es kam im Laufe meiner Karriere immer wieder zu Neid und Missgunst von allen Seiten und auch massivem Machtmissbrauch. Ich freue mich dennoch, dass sich mein jahrelanges soziales Engagement für die Menschen gelohnt hat und die 'DRF-Luftrettung' durch exzellentes Management heute zu den größten Luftrettern in Europa zählt. Ganz ehrlich: Ich bin auch heute noch sehr stolz auf 'mein Baby'", freut sich Ina v. Koenig über ihre Einladung zum Jubiläums-Event anlässlich von 50 Jahren DRF-Luftrettung.

Neues Buch: "Ein Pionier der Luftrettung in Deutschland ist eine Frau! Ina v. Koenig" – in wenigen Wochen im Buchhandel, auf Amazon und hier zu bestellen.

Aussender: Der Pressetherapeut
Ansprechpartner: Alois Gmeiner
Tel.: +43 699 133 20 234
E-Mail: pressetherapeut@pressetherapeut.com
Website: www.pressetherapeut.com

Quelle: https://www.pressetext.com/news/vip-jubilaeums-event-zum-50er-der-drf-luftrettung-fand-nun-doch-mit-gruenderin-und-initiatorin-ina-von-koenig-statt.html abgerufen am 30.06.2023

Ina von Koenig

PIONIERIN DER LUFTRETTUNG

https://luftrettung-pionierin.de